穿越福爾摩沙

1630—1930

法國人眼中的台灣印象

龐維德 著

翁佳音 審訂

徐麗松 譯

◀目次▶

◀ Contents ▶

序

為什麼要寫這樣的一本書？

思緒回溯到近三十年前當我正在準備碩士論文的當下。

當然，我之所以學習中文，正是因為孺慕中華悠遠豐厚的歷史與文明，一個占世界四分之一人口的龐大國家正待展翅高飛，我關切她的未來。而正當此時，海峽彼岸的台灣正歷經解嚴，整個社會展現無比活力，邁往民主自由體制的趨勢令人振奮，充滿期待，或許台灣的民主將可以作為中國未來的參考，因此好好地認識台灣，鑽研台灣的民主化過程，成了我與台灣結緣的開始。

一九九五年我第一次來到台灣，當時台北正在蓋捷運，我住在台北火車站附近，感覺整個城市像個大工地，很吵很亂，但充滿活力。人們也是，很親切，很開放，動不動就談政治，而且相當投入。讓我吃驚的是台灣保存了很多傳統文化，對我有一種強

烈的異國情調，與巨大的文化衝擊。更令人意外的是，那次的旅程我聯繫上一位在巴黎巧遇的女生，後來成了我的妻子，透過她，一扇我與台灣之間的永恆的窗口就此打開了。

當我陸續從巴黎政治學院（Institut d'études politiques de Paris）與東方語文學院（INALCO）取得學位後，一九九七年我進到法國外交部工作，二〇〇〇年派駐北京大使館，二〇〇四至二〇〇八年擔任甫成立的歐盟駐台灣辦事處副處長，二〇一一年再回台灣擔任歐盟駐台代表。二〇一五年擔任法國外交部長的亞美洲事務顧問，二〇一七年任職法國駐馬來西亞大使到二〇二〇年秋天，然後毅然決定以私人身分，回到台灣展開一段更自由、也更深層的「學習假期」。

那麼，我的第一個學習，就是更深入地瞭解美麗島的歷史，想知道最早期有哪些法國人來過這裡？他們對台灣的感受和描述是什麼？我首先從擁有超過八百萬條資料的法國國家圖書館數位化典藏下手。我投入了一種私家偵探般的熱情，搜尋的過程令人激動，甚至不知不覺中上癮，我找了所有我能找到的關於台灣的各種文獻、任何蛛絲馬跡，想辦法驗證其真實性，然後加上詳細易懂的注解。

動念這一場時空旅途之初，並沒有想過這些過程竟會令我如此驚訝、感動，有時是悲傷、同情、不安，甚至是憤怒。也沒想過這些老文獻竟然這麼有意思，還這麼多，而且讓我對台灣的老歷史產生了新鮮的感覺。

搜讀完這些老文獻以後，我更加佩服也更珍惜台灣今日的民主、自由、人權、族群間的和諧，以及經濟的繁榮，所有的這一

切，真是得來不易！同時，心中也升起一股強烈的衝動：就是一定一定要跟台灣人分享這些文獻，讓我們一起看看過去這三、四百年來，那些以法國人的角度看過來的自身的歷史。

　　我很希望台灣讀者透過這些第一手的老文獻，重溫台灣與法國的共同記憶（即使這些過去曾帶著痛苦或悲慘的印記），也許，未來能更多地深化我們兩個社會之間的聯繫。我也希望這些早期法國人對台灣的觀點，能鼓勵台灣的讀者更多更深地去挖掘島上的歷史。然後，我非常期待能有機會與讀者交流有關這些老文獻所引發的感受、反應與反思。

龐維德

導言

　　本書匯集了一些關於台灣的法文歷史文本。這些文件最初出版於一六三〇年到一九三〇年之間，此次首度彙整成書，其中大部分是第一次翻譯成中文。這些來自遠方的異鄉人在遙遠的過去見證了台灣，透過他們的獨特視角，熟稔台灣歷史的讀者在重新發現這座島嶼的同時，可能不時會覺得訝異，偶爾甚至為之震驚。

　　我們不必在這些文字中尋找所有歷史真相。這些舊時代的法國見證者與所有見證者一樣：他們的目光是選擇性的，而且有時他們會出錯。他們的成見、優越感、種族歧視，他們的殖民心態，以及他們有時對他們觀察的民族顯現出來的輕蔑，經常令我感到錯愕，我想這本書的讀者也會有這種感覺。現代人的心智早已無法接受那些深受當時主流思想影響的觀念，不過我們還是要

誠實以對，一字不刪地呈現他們的撰述內容，讓所有人了解那些講述者的偏見。另外，讀者也必須做好心理準備，因為部分篇章的內容含有令人難以承受的暴力。這些段落提醒我們，不人道的心理和行為仍然隱隱作祟，而我們在明白這些之後，會更珍惜自己有幸生活在今天這個平和的民主社會中。

在本書章節所涵蓋的三個世紀中，造訪過台灣的法國人為數不多。匯集在此的文本原先相當零散，而且大都已被世人遺忘。不過從檔案庫深處挖掘出來匯集成書以後，它們終於能為福爾摩沙歷史所構成的壯闊史詩賦予另一番立體風貌，栩栩如生，洋溢人文之美。

這些故事反映出這塊土地高潮迭起的歷史，其中寫滿悲劇與不確定，激盪著人類的衝突與意志的撞擊，讀來宛如一部冒險小說，又似一篇海島神話，透過法國觀點的奇詭稜鏡，凝視一段四百年前開始的傳奇，難以相信那一切竟會孕育出今日我們所知的台灣……。

第一章

荷蘭東印度公司
時期

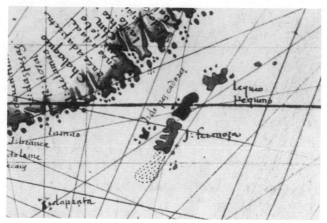

別稱「貝里公爵夫人（Duchesse de Berry）地圖集」的地圖細部，一六〇〇年
繪製，圖上顯示福爾摩沙島和漁翁群島（澎湖），這些地方在十七世紀初年
的法國還鮮有人知。

　　最早一批曾在台灣生活、而後詳細加以描述的法國人，是荷
蘭東印度公司的人員。這家聯合企業由荷蘭（當時稱為「聯省共
和國」[1]）一些商貿公司共同創辦，成立於一六〇二年，目的是
安排與東亞的經濟關係，在東亞國家設立商館和殖民地，以及確
保歐洲、印度與遠東間的船隻往來。一六二〇年代，荷蘭東印
度公司將亞洲總部設在爪哇島上的巴達維亞，也就是現在的雅
加達。

　　一六二二年，東印度公司試圖與中國開展貿易未果，遂在

1　譯注：聯省共和國全名尼德蘭七省聯合共和國（De Republiek der Zeven Verenigde
　　Nederlanden），過去也稱荷蘭共和國，是一五八一至一七九五年間存在於現今荷
　　蘭及比利時北部法蘭德斯地區的國家。這段期間的荷蘭締造出著名的「荷蘭黃金
　　時代」。

「漁翁群島」（現稱澎湖）[2]的馬公建造堡壘。一六二四年，東印度公司在福爾摩沙島西南部設立商館，那裡就是最早稱為「台灣」的地方。當時荷蘭人的定居地點是今天台南市外海距離陸地數百公尺的一片沙洲，按照普遍通行於台灣的閩南語發音轉寫成Tayoan、Theouan、Taiouuan或其他類似拼法。因此，「台灣」最早指的是這一小塊居住地，與當時稱為「福爾摩沙」的台灣本島隔海而望。（眾所皆知，福爾摩沙〔Formosa〕是葡萄牙人給台灣島取的名稱，意思是「美麗島」）荷蘭人在這片沙洲上建立他們在台灣的第一座要塞——熱蘭遮堡（Fort Zeelandia，這座堡壘在清帝國統治期間荒廢，後獲重建，現稱「安平古堡」），以及一座用來安置商人的城市。荷蘭人統治福爾摩沙（或說他們實際控制的台灣西南部）到一六六二年止，前後將近四十年。

荷蘭東印度公司的成立目的是貿易，不過它也不惜動用武力。因此，東印度公司陸續與競爭對手爭戰，先是十六世紀開始殖民東亞各地（包括台灣北部）的葡萄牙人和西班牙人，再來主要是英國人和法國人。更重要的一點是，東印度公司通常會用武力逼迫亞洲國家開放通商，或將土地割讓給它，然後對居住其上的人民課徵重稅。有時這些人民甚至淪為奴隸，例如台灣西南部外海島嶼「小琉球」的居民。東印度公司為了有效運作，除了公司本身的商人和海員之外，也需要擁有真正的私人軍力，以軍團

2　譯注：葡萄牙人於十六世紀來到東亞以後，發現澎湖海域魚產豐富，島上住有許多漁民，因此稱澎湖為漁翁群島（Ilhas dos Pescadores）。

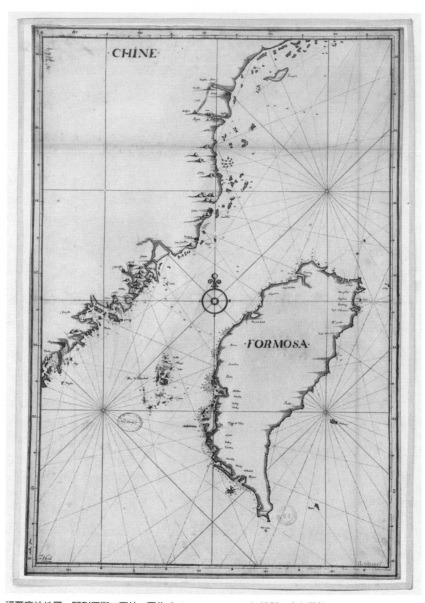

福爾摩沙地圖，阿列西斯—雨柏·賈佑（Alexis-Hubert Jaillot）繪製，十七世紀。

和戰船支持商業船隊,進行強取豪奪。為了迫使當地居民與其合作,東印度公司訴諸暴力,可說無所不用其極。

　　東印度公司必須徵用大量勞動力,每年的人力需求高達數千人,但聯省共和國人力短缺,因此它會從其他歐洲國家雇用水手和傭兵,通常一聘為三年到五年。從歐洲航行到遠東,平均需時七個月,而由於航行及駐地期間有海難、疾病、戰爭等各式各樣的風險,導致前往東印度地區的人可能只有不到一半能活著回到歐洲。

　　在荷蘭東印度公司的士兵與水手中,法國人占有相當比例,而據我們所知,其中兩個人透過書寫形式,為他們的福爾摩沙經驗留下了見證。比起東印度公司幹部撰寫的官方報告,這些記述可能有一個優點:作者的觀點稍微比較獨立。話雖如此,這些人

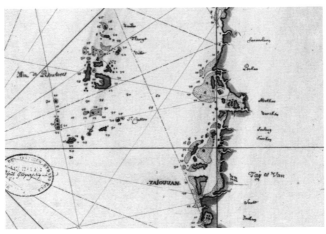

本圖為左頁圖的局部放大,顯示「台灣」(台南)和漁翁群島(澎湖)的地理位置。

畢竟是以第一線人員的身分參與了一項暴力性質極大的殖民事業，他們不太會質疑那些行動的合理性，基本上也不會懷疑自己比他們降服的民族優越。不過他們的見證依然令人著迷，因為透過歐洲殖民者不乏扭曲的眼光，這些文字確實能把我們帶回十七世紀中期台灣的生活實況。

他們描述的具體情況有時非常引人遐思，因為其中某些特徵仍舊存在於今天的台灣，比方說我們會發現——四百年來，漢人的宗教儀式似乎沒有顯著改變。不過更常讓讀者感到震撼的，是那個年代以後台灣發生的深層改變。以人口結構為例，十七世紀中期時，雖然漢人從大陸移民來台已經數十年，但台灣周邊地區的居民仍然以西拉雅族原住民占絕大多數。可是今天，台南地區的西拉雅村落幾乎已經全部被漢人同化，大部分西拉雅文化消融在漢族文化中，西拉雅語也已完全消失；少數殘存的西拉雅族人有時會在成年以後重新發現一些沉寂了數個世代的文化根源，目前這些人正設法重建文化認同，而這項工作的依據之一就是十七世紀荷蘭人制訂的文件[3]。

3　譯注：荷蘭東印度公司治台期間，傳教士以平埔族新港語和虎尾壠語為根據，利用拉丁字母編成當地文字，作為學校的教學語言，並編纂辭典、翻譯教義書等。這些原住民直到二十世紀才被稱為西拉雅族。荷蘭時期原住民以當地語與漢人訂定土地相關契約文書，稱為「番仔契」或「新港文書」。目前多數西拉雅語文書保存在荷蘭國家圖書館。西拉雅語在二十世紀初仍有少許流通，不過後經語言學家認定為滅亡，聯合國教科文組織亦將其列入死語。台南市西拉雅文化協會自二〇〇〇年起著手西拉雅語復育計畫，透過重建、教學和相關團體的努力，設法推廣其使用，期望有朝一日聯合國教科文組織將其改列為復育中語言。

一個法國軍人在台灣
（一六五三年）

　　在此帶來見證的是一位名叫莫里涅爾（M. de la Maurinière）的荷蘭東印度公司法籍士兵。莫里涅爾從一六五三年起就已在台灣生活超過五年，他的記述由法國博學者、遊記手稿收藏家梅西塞德克‧泰孚諾（Melchisédec Thévenot）與其他遊記集結成《寰宇旅行見聞錄》（*Relations de divers voyages curieux*）一書，於一六六三年出版。

　　莫里涅爾的生平我們一無所知，他留下的記載卻擲地有聲、內容豐富，不時描繪令人難以承受的暴力場景。本書一字不刪完整呈現，但需提醒讀者，部分文字極端殘酷。

RELATIONS
DE DIVERS
VOYAGES
CURIEUX,
QUI N'ONT POINT ESTE PUBLIE'ES,

《不曾出版的寰宇旅行見聞錄》，封面頁，一六六三年出版。

d'éguillette , faits d'vne certaine paſte compoſée de toutes ſortes de parfums, ces
baſſons quand ils ſont allumez, bruſlent comme de la meſche, ne ſont qu'vn char-
bon , & rendent vn parfum fort agreable ; pour l'Autel , ils le couurent de vian-
des cuittes , comme de chevreau , de cerf , de porc , & de volailles , ſeruies dans de
beaux plats de porcelaine , puis ſe mettent tous à l'entour de l'Autel , & vn d'eux
fait l'oraiſon , qu'il ne prononce pas tout haut , mais en recite la moitié entre ſes
dents , & de fois à autre il s'encline la face iuſques à terre , & tous les autres en
font autant ; ils ont auſſi du papier qu'ils preparent exprés , le couurant de feüilles
d'or , & le decoupant en ondes le bruſlent & le iettent en l'air, diſant, Camchia
Yoſſe , qui ſignifie , c'eſt vn preſent ou offrande que nous te faiſons Yoſſe ? puis
quand toutes leurs ceremonies ſont faites , ils oſtent toutes les viandes & les ſer-
uent ſur vne autre table , à l'entour de laquelle ils ſe rangét & en font bône chere ;
les femmes ne viennent iamais à leurs ſacrifices ; ils ont vne place où ils enterrent
leurs morts , les mettans dans vne foſſe qu'ils maſſonnent par deſſus en forme de
voûte , & font vne petite porte enuiron d'vn pied de haut , & apportent auec le
corps mort des viandes cuittes & de leur boiſſon auec du ris qu'ils mettent deuant
la foſſe & le laiſſent là, diſant que c'eſt vne offrande qu'ils font au Diable ; ils loüent
des femmes exprés pour pleurer quand on porte le corps en terre , & luy vont
criant , Pourquoy es-tu mort ? as-tu eu faute de viande , de ris, &c. luy nommant
tout ce qui eſt neceſſaire à la vie , & puis crient & hurlent , pourquoy es-tu donc
mort. Les femmes dans leurs repas ordinaires ne mangent pas auec eux : quand
ils ne trouuent pas de femmes dans l'Iſle à leur fantaſie , ils en font venir de la
Chine , en eſcriuant à leurs amis qui leurs en enuoyent , & en font negoce com-
me d'vne marchandiſe ordinaire : dans l'Iſle Formoſa il y a quantité de Chinois
qui y demeurent touſiours , & font cultiuer la terre qu'ils prennent à ferme de la
Compagnie : les Sauuages de l'Iſle ne les aiment gueres , mais neantmoins ils ſont
contraints de les ſouffrir. Il y en a dans chaque village qui y demeurent, que nous
appellons Pacters , ils y ſont pour achetet les Cerfs que les Sauuages prennent ,
& pour en faire ſeicher les viandes qu'ils enuoyent puis apres en la Chine ; pour les
peaux, ils les reuendent à la Compagnie pour enuoyer au Iappon , tous les villages
ſont affermez ; ie nommeray icy les principaux , du coſté du Nord eſt Sinkam ,
Baklouam , Soulan , Mattaw , Touliſſant , Takays , &c. & plus loin vers le
Nord ſont encor deux petites fortereſſes éloignées de douze lieües l'vne de l'au-
tre , à ſçauoir Quilam & Tamſuy , qui ont eſté autrefois baſties par les Portugais,
& priſes par les Hollandois enuiron l'an 34. ou 35. Il y a ordinairement dans chacun
quarante ſoldats de garniſon : ces deux Forts ſont à 60. lieües de Theouan , du
coſté de Sud-Eſt; Farbrou eſt éloigné de 25. lieües de Theouan, il y a ordinairemét
30. ſoldats & vn Lieutenant. Plus loin eſt Panſoy, Akaw, Etné, Soutenaw , & Ti-
ctayan , qui eſt le plus éloigné & le dernier des villages qui reconnoiſſent les Hol-
landois ; dans chacun de ces villages , & principalement dans ceux qui ſont vers le
Nord , la Compagnie y entretient touſiours ſept ou huit Maiſtres d'Eſcolle qui in-
ſtruiſent la ieuneſſe en leur propre langue , leur apprenant à lire & à eſcrire
nos caracteres, & ont auſſi tranſlaté vne partie de la Bible qu'ils ont fait imprimer
en Hollande, & quantité d'autres petits liures pour apprendre à lire.

Tous ces villages ſont fort peuplez , & dans chacun la Compagnie y eſtablit
vn ou deux Capitaines choiſis entre ceux du Païs qui ont le commandement ab-
ſolu ſur tous ceux du village ; on leur donne pour marque de leur commandement
vne canne ferrée d'argent auec les armes de la Cōpagnie grauées deſſus. Tous les
Sauuages de Formoſa s'exercent à bien tirer de l'arc , à lancer le iauelot , & à nager ;
ils s'exercent auſſi ſur tout à la courſe , & ie croy qu'il n'y a nation au monde qui
les ſurpaſſe , il n'y a point de cheuaux qui puiſſent courir ſi long-temps qu'eux :
quand ils courent ils portent à leurs deux bras vn morceau de fer fort luiſant & qui
rend vn ſon comme vne groſſe ſonnette , auec lequel ils s'animent à courir.

莫里涅爾的見聞錄其中一頁。

熱蘭遮堡與其周邊的城市[4]修建在一片小沙洲上，沙洲長約兩里[5]，距離福爾摩沙島足足有四分之一里[6]；堡壘的位置較城區略高，擁有四座棱堡，下方的面海處還有另兩座棱堡，以及總督寓所、倉庫和其他房舍，這些建築物均由砌造良好的城牆圍繞，這些城牆與堡壘的牆垣相連。堡壘四周另建有一道防護牆，上有四座半月堡[7]；城區位於要塞的火槍射程距離[8]外，範圍不大，半小時不到就能環繞一圈，不過建設得相當好，城內住了許多富裕的中國商人和一些荷蘭人；船隻可以開進港口，港內總是停滿中式帆船，他們稱為「戎克船」[9]，進港船隻的最大噸位是四百噸[10]，其實現在有些船比這個大很多；他們將貨物運來，然後同船運回其他貨物，因為他們不讓荷蘭人在他們的地盤上做生意；漢人載來的貨品包括金條、各式各樣作工精美的絲織品以及一些瓷器，返航時船上裝載的則是各種香料、棉布、大紅布和白銀；通常有兩萬五千或三萬名漢人住在城內的一個區，其餘住在福爾

4　即台灣街，位於現今台南市安平區。

5　譯注：古時法國一里（lieue）依時代和地區不同，約合三公里多到將近六公里不等。有時古法里被視為一個小時的步行距離，相當於四公里。莫里涅爾使用的「里」具體是多少難以考證，本書作者取概略平均值五公里，書中舉出的例子以此換算所得的公里數大致符合實際距離。故此處應為十公里。

6　一點二公里。

7　位於堡壘本體外圍的半圓形碉堡。

8　約兩百五十公尺左右。

9　譯注：「戎克船」一詞譯自英文的junk，法文稱jonque，均源自葡萄牙文的junco，於十五世紀末開始使用。學界主要認為這個詞是從馬來語或爪哇語的djung/jong（航海帆船）演變而成，而後者可能源自中文的「船」（閩南語發音〔tsûn〕）或「舟」。也有一派人認為junco直接自閩南語的「船」轉音而來。

10　譯注：舊時法國的「噸」（tonneau）約為一千公斤，相當於兩千法磅（一法磅約為五百公克）。

摩沙島上，他們都在那裡務農，主要產品是糖，他們對此非常在行。

　　他們必須向東印度公司繳納人頭稅，每人每個月繳交十三蘇[11]，東印度公司規定七歲以上的兒童就必須納入徵收範圍；每年東印度公司可以藉此獲得將近二十萬鎊的稅金。漢人熱衷做生意和讀書，他們擁有將近六萬個方塊字，每個方塊字都代表一個單字；他們的書寫方式是從上而下、由右到左；他們心思靈敏，也相當狡詐；男女都穿長袍，袖子又長又寬；他們讓頭髮自然生長，很多人的頭髮長到膝蓋以下；他們把頭髮綁在腦後，用一根金簪或銀簪穿過頭髮，再用一把梳子固定；根據身分不同，有各式各樣的帽飾；他們臉孔平板，膚色較深，鬍鬚長而稀疏；也有些人皮膚很白，主要是女人，她們通常容貌姣好；她們的丈夫忌妒心很強，不過只要養得起，他們要娶幾個女人都行，他們可以隨心所欲地休妻，經常把妻子換掉或賣掉，不過總會在所有妻室中保留一個，由她所生的小孩繼承財產；丈夫總把妻子關在家裡，婦女就算出門通常也戴面紗，而且必須由男童領路，她們自小纏足，雙腳極小，走起路來很不方便。

　　宗教方面，他們頑冥不靈，福爾摩沙島上的漢人沒有一個信基督；他們相信有一個神無所不能，在他們的語言中稱作Ishy[12]；

11　譯注：蘇（sol）是舊時法國的輔幣名，相當於一圖爾鎊（livre tournois）的二十分之一。

12　這個詞語可能來自中文的「神」，閩南語發音sîn；不過中國傳統信仰中的神當然有很多，不是只有一個。

他們也相信惡魔的存在，他們稱作Kouy[13]，他們祭拜鬼，因為他們說鬼很邪惡，會害人，所以要透過祭拜來安撫祂，而神不會害人，所以偶爾祭拜就好；他們在祭壇上擺了一個漢人的形象，說那代表一個曾經很偉大的人物，他們因此稱祂為Yosse[14]，他們會祭拜祂，並在祂面前念經。還有一個神他們稱作Chekoua[15]，他們遭逢危難的時候總是召喚這個神。在台灣街，他們沒有可以聚在一起禱告和祭拜的地方，每個人都在自己家裡私下做這件事；這是因為荷蘭人不准他們擁有這樣的場所；他們向Yosse獻祭時，會把這個神祇所在的祭壇布置好，在祭壇兩端擺放兩個銅爐，在爐中燃燒一種香木，讓它不斷冒煙，他們還會在這位偶像正前方擺上另一個爐，裡面放了很多根細繩鐵箍[16]差不多粗的小棒子，這種棒子是用一種含有各式各樣不同香氣的物質製成，點燃以後會像燭芯那樣燃燒，有點像火炭，並釋放非常怡人的氣味；他們在祭壇上擺滿煮熟的肉類，例如小山羊肉、鹿肉、豬肉、雞鴨等，盛放在精美的瓷盤中，然後他們會圍在祭壇旁邊，其中一人念經，他不是高聲誦讀，而是用一種含糊的聲音念出經文，有時他會傾身向前，讓臉部貼近地面，其他人則會照著做；他們也有一種特別準備的紙，上面鋪有金箔，他們把紙擠壓成波浪狀，拿來

---

13 即「鬼」，閩南語發音kuí。

14 Yosse或Josse的來源不確定。現代英文還保留joss一詞，指稱中國民間信仰的神。有人認為這個說法來自葡萄牙語的Deus（上帝），但也很有可能是來自中文的主神（閩南語發音tsú-sîn）、還是諸神（閩南語發音tsu-sîn），或是祖先（閩南語發音tsóo-sian）等等。

15 可能是「水官」，閩南語發音tsuí-kuann。水官大帝是道教中的水神，三官大帝之一。

16 套住鞋帶類細繩兩端以防止花邊散開的金屬包頭。

燃燒或撒向空中，並說Camchia Yosse[17]，意思是說，這是我們獻給祢的祭品；祭拜儀式全部結束以後，他們會把所有肉品移到另一張桌子上，讓眾人圍坐桌旁大快朵頤；婦女從不會在這種祭拜場合出現。

他們有一個用來埋葬死者的地方，有人死的時候，他們會在地面上砌一座穹室狀的墓穴，在墓穴上造一個高約一尺的小門，然後把死者安放進去，同時準備一些煮熟的肉食和用米做成的酒，把這些食品擺在墳前，說這是給鬼吃喝的供品；在埋葬儀式中，他們會特地雇用一群哭婦，對死者哭喊：你為什麼死掉？你是不是少吃了肉，少吃了飯……等等，對他說出所有維生所需的東西，然後一直大聲哭喊：你到底為什麼死掉？

平時吃飯的時候，女眷不會跟他們一起吃；如果男人在島上找不到中意的女人，他們會從中國那邊找，寫信請朋友把女人運過來，好像在販賣一般的商品；福爾摩沙島上有很多漢人定居，他們從東印度公司承租土地來耕作；島上的野蠻人[18]不喜歡他們，不過不得不忍受他們的存在。每個村社都有漢人居住，我們把這些人稱作Pacter（贌仔）[19]，他們會買野蠻人獵的鹿，把鹿肉風乾，然後運到中國；至於鹿皮，他們會把它賣給東印度公司，東印度公司再運到日本銷售；所有村社都包含在這個承包制內；

17　即「感謝Yosse」。
18　譯注：指原住民。
19　譯注：法文原著使用的Pacter不是法文詞彙，而是沿用荷蘭文pachter一字，意為承包者（主要是佃農，即承包土地耕作者，或者某種物品的買賣權）。

在這裡列舉主要的村社，往北有Sinkam[20]、Baklouam[21]、Soulan[22]、Mattaw[23]、Toulissant[24]、Takays[25]等等，更北方還有兩處小型要塞，兩者相距十二里[26]，分別位於Quilam[27]和Tamsuy[28]，這些堡壘過去是葡萄牙人興建的，大約在一六三四年或一六三五年被荷蘭人接收。平時每個堡壘有四十名士兵駐守；這兩座堡壘距離台灣六十里[29]；東南方向有Farbrou[30]，距離台灣二十五里，平時有三十名駐軍和一名中尉。再遠一些是Pansoy[31]、Akaw[32]、Etné[33]、Soutenaw[34]，以及Tictayan[35]，這是受荷蘭人統治的最遙遠也最偏僻的一個村落；在這些村社中[36]，東印度公司總會安排七或八位老師，他們用當地的語言教導小孩，讓他們學習讀寫我們的字母，而且還翻譯了一部分的聖經，送到荷蘭印刷，另外他們也準備了很多其他讓學生學習閱讀的小書本。

---

20 即Singang新港，位於現今台南市新市區。
21 荷蘭語及西拉雅語均拚寫為Backloun，即目加溜灣，位於台南市善化區溪美里。
22 即Siaolong蕭壠，位於現今台南市佳里區。
23 即台南麻豆（Madou）。
24 即Tirosen或Toelosang，漢譯諸羅山，位於嘉義平原地區。
25 彰化縣的二林或雲林縣的斗六。
26 六十公里。
27 Keelung，基隆。
28 Tamsui，淡水。
29 約三百公里。
30 應該是荷蘭文獻中的Verovorongh，即今天的屏東縣萬丹。
31 Pansoa或Pangsoya，放索社，位於現在的屏東縣林邊鄉。
32 阿猴，即現在的屏東。
33 荷語文獻中記載為Netne，漢譯為力力社，位於屏東縣崁頂鄉。
34 屏東縣里港鄉塔樓村。
35 大澤機社，位於今天的屏東縣武洛。
36 主要是在台灣以北的村莊。

這些村社人口眾多，東印度公司在各村遴選一到兩人擔任「首長」（Capitaine），對全體村民行使絕對指揮權；荷蘭人會給他們一把包銀權杖，上面鐫刻東印度公司徽章，作為指揮權的標誌。福爾摩沙的所有野蠻人都勤練射箭、擲標槍、游泳；他們特別擅長跑步，我相信全世界沒有一個民族在這方面超越他們，也沒有任何馬匹能跑得像他們那麼久；他們奔跑的時候，會在雙臂各掛上一個鐵塊，鐵塊閃閃發亮，還會發出大鈴般的聲響，他們靠這玩意來增進跑步的動力。

　　總督[37]每年會舉行一次議事集會，稱為地方會議（Lantdag）[38]，這是個大日子，所有村社的首長和長老都必須參加，並針對他們的行事進行報告：荷方會詢問人民是否對領導的治理有怨言，如果他們之間有什麼爭端，荷方會設法調解；聽取所有人的意見以後，荷方會再度囑咐他們奉公守法，不要做出對東印度公司不利的事，公司則會確保他們能生活太平，保衛他們免於敵人的攻擊，然後荷方會送他們一些小禮物，主要是送給地方首長來自日本的華美和服和體面的帽子；收到禮物以後，他們樂不可支：然後公司在一個特別布置的場地為他們準備宴席，祭出各式各樣的豐盛肉品，有時這種場合會有七、八百個野蠻人來享用大餐；透過這種方式，東印度公司跟他們保持融洽的關係；所以一旦有事，他們總是願意幫忙，只要一聲令下，他們一定會配合；每當出現某些野蠻人不肯服從的情況，我們甚至經常讓他

37　荷蘭東印度公司駐台灣最高官員，有時也譯為長官。
38　譯注：原書中的Lantdag在荷蘭文中一般寫成Landdag，字面意義是「地方日」。

們去打自己的族人。這就是為什麼漢人不敢輕舉妄動，尤其是在我抵達那年[39]他們受到嚴懲之後。

漢人曾發起相當有組織的聯合叛變，圖謀消滅島上所有荷蘭人、入主熱蘭遮城；而且當時荷蘭守軍略顯薄弱；為了這場行動，他們在島上集結高達八千人的部眾，其中有個名叫Fayet[40]的人擔任首領，台灣街內所有居民都應該參與了，而且奉命首先發難；他們的陰謀是請總督和大部分官員吃晚飯；這是他們常做的事，但在這次餐宴中，他們計畫把所有人殺死，每個參與者為此都在長袍內藏了一把刀；他們打算設法灌醉平常跟在總督身邊的十二名士兵，完事以後，他們會穿上這些士兵的服裝、佩帶他們的武器，擺出總督返抵城門的陣式，掌握主勢，隨後確保城門開啟，讓所有準備一起攻擊的部眾進入；這場行動即將展開的兩天前，他們在島上抓了三、四個我們的人，用殘酷手段處死他們：我們找到其中一人的屍體，他的頭被砍斷，私處塞在嘴裡；我們也找到一名荷蘭婦女，她的肚子被剖開，裡面的嬰兒被挖出來，切成碎片擺在她旁邊。

這場起義被策動者的親弟弟發現，他認為如果行動不成功，荷蘭人不會放過任何人，所以他想早點脫身，希望藉此拿到獎賞，而他確實達到了目的。荷方決定立即派員前往附近所有村社，命令所有野蠻人隔天帶著自己的武器到指定地點集合；我們一共兩百人左右奉命當前鋒，搭乘小艇抵達島上；他們大約有

---

39 指一六五三年。

40 譯注：此即郭懷一事件。郭懷一又名五官懷一，是當時台南一帶的開墾領袖。荷蘭人將「懷一」拼寫為Fayet。

八千人，已經緊緊守在海邊等待；他們的武器有長矛、刀劍、標槍，火槍數量很少，而且比我們的小很多；起初他們看起來志氣滿滿；不過我們逐漸靠近，井然有序地與他們展開小型接觸戰鬥，他們便撤退到距離海邊兩個火砲射程的村莊，其中很多人把棉被折成三、四折，放在身前設法抵擋火槍射擊；可是這種防衛完全無效，我們在村莊放火，他們再度撤退；第二天，我們得到將近三千個野蠻人的支援，一開始他們沒幫上太多忙，等我們把敵人擊潰以後才真正發揮作用；這時他們展開攻勢，在三天期間大開殺戒，我方答應他們，每割下一個人頭，就送一庹[41]布；結果他們拿來的人頭太多，為了讓他們省力，我們後來只要求他們帶耳朵來；三天之內，共有六千人被野蠻人殺死；假使我們放任他們繼續殺人，福爾摩沙島上的漢人恐怕很快就會被清空。留在台灣街裡沒有造反的人僥倖逃過這場殺戮，不過後來他們為此耗費了很多銀兩；他們首領的頭顱被插在木架上示眾；我們也抓了三個殺害我們好幾個人的漢人，讓所有留在城內的漢人居民親眼看我們把他們處死：我們先讓武裝士兵圍住廣場，然後燒起一堆大火，旁邊架起一根柱子，並擺了一張長椅；我們從三人中先挑出一人，剝光他的衣服，把他活生生綁在柱子上，切下他的私處，劊子手先將它湊到他的鼻子前面，然後丟進火裡，接著把他開膛剖腹，挖出心臟，把還在顫動的心臟插在刀尖，展示給所有人看，然後也把它丟進火裡；接下來，劊子手挖出其他臟器，同樣丟進火裡，然後把犯人從柱子上解開，擺在長椅上，用斧頭

41　譯注：「庹」本意是雙臂展開的寬度。

先砍下他的頭，然後砍下四肢；另外兩人也遭受相同的處置；他們從頭到尾不發一語地承受死亡；第一個人只喊了一兩聲「Ah Chekoua」[42]，他們的頭顱和四肢被擺上輪車遊街；留在城內沒造反的人派代表拜見總督，當時的總督是阿姆斯特丹的尼古拉斯．費堡（Nicolas Verbeug d'Amsterdam）[43]，他們給他獻上大禮，竭盡所能請求饒恕，並承諾從此不再採取不利於東印度公司的行動；總督本來可以把所有漢人都處死，不過這樣會對商業造成莫大危害，公司也會因此失去漢人每年帶給他們的龐大收益。

　　隔年，公司又命令兩個連的步槍兵（一個連有六十人，我也是其中一員）出發巡查所有村社，並整頓幾個有造反情事的村莊；通常我們每三年或四年執行這項任務一次，目的是將野蠻人維持在戒懼的狀態：我們走海路到距離台灣二十五里[44]的放索社，在那裡找了兩百個野蠻人幫我們搬運糧食，然後我們巡視了那一帶的所有村社，所到之處，都受到熱烈款待，他們請我們吃鹿肉、野豬肉，還有喝一種用米做的酒，叫作Machiko[45]；這種酒飲跟葡萄酒差不多烈，味道很不錯，尤其是十八或二十年前釀造的，他們把它貯存在大甕裡，上面用泥土覆蓋；有些房子裡放了多達三百甕酒；他們有時會存放三十年，因為陳年越久越好喝：小孩出生的時候，他們會釀兩、三甕，等小孩結婚時才拿出來

42　譯注：本書作者推測，Chekoua可能指「水官」。

43　譯注：荷蘭文的寫法是Nicolaes（或Nicolaas）Verbug（或Verburgh、Verburch），他於一六四九到一六五三年擔任台灣總督。

44　一百二十五公里。

45　譯注：荷蘭文獻中也作massichauw或masakhaw。

喝；他們都很愛喝這種酒，我們去巡訪的時候，這是他們給我們的最高獻禮；我們往深山推進，那裡的野蠻人與我們敵對，他們會設下很多圈套對付我們；那裡的路很窄，他們會在泥土路面插一些用堅硬的木材做成的小尖樁，看起來像鉤針[46]，我們的人有很多因此而受傷，而且這種傷很危險；我們在他們的村莊放火，把他們的稻田統統燒掉，這是我們能對他們造成最大傷害的方法；我們就這樣在這片土地上巡查了五、六個星期，不過後來不得不撤退，因為大部分人都生病了；我們到處都會看到取之不盡的水果，是全世界最好吃的，主要有鳳梨和椰子，大部分人都拼命吃，結果幾乎全部下痢；我發現這些野蠻人有各式各樣的語言，有時我們會發現兩個村莊距離只有三或四里[47]，但兩邊的人已經聽不懂對方的話；在荷蘭人入主統治以前，他們不斷打仗，不同村社互相攻擊，主要是山區的村社跟平地的村社互打。我們還在他們的房子裡找到他們敵人的首級和骨骸，他們把這些東西當作戰利品，傳承給後代；他們出來對戰的時候，不是所有人一起打鬥，而是互相挑戰；某邊的隊伍會出來一個人，身上佩帶一面圓盾和兩把長約一尺半[48]的開山刀，一支具有特殊設計、拉緊就能當成弓來使用的傳統長槍，還有五、六支箭；敵方陣營立刻有另一人佩帶相同武器出來，兩人戰鬥到其中一人被擊敗為止，勝者砍下對方的頭顱，把它拿給自己的族人，眾人凱旋而歸，把人頭放在炭火上烤，然後擺出盛大排場，大啖人腦、暢飲

46　用來在皮革上打洞和縫綴的金屬尖椎。

47　十五或二十公里。

48　約五十公分。

machiko酒；不過目前他們的生活都很太平；如果出現爭端，我們都會幫他們調解。

　　東印度公司每年只能在某個時期派兵前往福爾摩沙島，主要是十一月、十二月、一月、二月，因為這時河流水位低，可以涉水而過，而在其他季節，河川水流太寬闊也太湍急，我們不可能越過：我們在Soutenau[49]附近越過一條河，那時水流寬度只有一個手槍射程，但夏天的時候，這條河的寬度在很多地方達到一里半[50]，而且變得很深，連最大的船艦都能通過。水流非常急；河水從大山上流下來，山區大約連續三個月會一直下雨；不過野蠻人無論男女，還是有辦法游泳過河；因為他們全都泳技高超，而當我們的人必須過這些河的時候，我們會請四個野蠻人把我們放在他們製作的小椅子上，讓他們帶我們橫渡，所以河川再寬，全副武裝的士兵也能滴水不沾地抵達另一邊：這片土地上有很多這種河，不過不是全都那麼寬。

　　福爾摩沙島常有大地震，大都在年尾的時候發生：一六五五年時，我們經歷了一場強烈地震，持續超過三個星期；地震很容易用肉眼察覺，只要把水放進盆子，就能看到水在裡面不斷搖動；那次的第一波震動在城裡造成重大損害，連堡壘的城牆都受損，我們進房子時心驚膽跳，深怕房子隨時會倒塌；成排配置在棱堡上的大砲連同基座滾離原來的地方。一座頂端設有平台的美麗塔樓被震到爆開，大島上有一些山從山頂到山腳整個裂開。漢

49　塔樓村。
50　超過五公里。

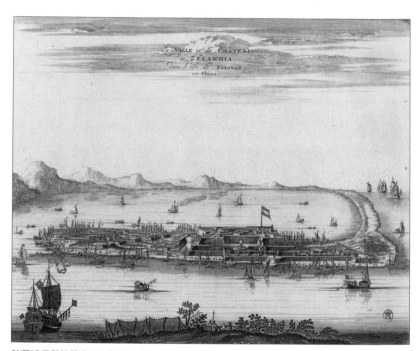

熱蘭遮堡與熱蘭遮城全景圖，出版於阿姆斯特丹，一六七〇年。

人說這是因為妖魔發怒，撼動大地，他們相信只有透過虔誠獻祭，才能平息災厄，我們再怎麼對他們說明自然現象的成因，都無法動搖他們的看法。

福爾摩沙也時常出現可怕的狂風暴雨：一六五六年十月七日發生了一場極其猛烈的暴風雨，島上最年長的耆老們都說他們不曾見過那樣的景象；那是我被派到當地第十五個月的事，那天我們人在海岸附近一座小島上的前哨站[51]，距離我們的堡壘[52]有五里，儘管哨所建在一座小丘上，平時海潮漲到最高的時候也不會淹過來，但當天我們還是面臨了極大的危險；傍晚四、五點的時候，海水開始漲潮，同時強烈北風吹起，天空是一片黑壓壓的雲層，不時閃過雷電，預示猛烈的暴風雨即將到來；後來大風轉往東吹，帶來一陣暴雨，雨勢越來越強，海水也越漲越高；晚間九點到十點之間，狂風把我們駐守的房子刮走，我們被迫躲進位置比較低的小廚房；我們也有一艘小艇，不過沒法保住它，海水以驚人的速度繼續漲高，幾乎淹到我們所在的地方，令我們非常訝異；我們深怕海水切斷進路，只好立刻回到小丘上；我們很快就被大水包圍，在漆黑的夜晚中，想不出任何救命的方法；狂風暴雨猛烈到全體人員不得不緊緊抱在一起，以免被風吹走；我們就這樣在小丘上待了一整夜，大海包圍著我們，我們眼看我們待的這小片土地一直縮小，大塊大塊的泥土在巨浪沖激下不斷往下崩落；後來我們剩下一個只夠我們這小群人容身的空

---

51 菲利辛根（Vlissingen）砦堡，位於台南北門一帶。
52 譯注：即熱蘭遮堡。

間，等著腳下的一切隨時坍塌；整個夜裡，風向一直在改變，陸續從不同方向吹來，海水則從傍晚五點一直漲到清晨五點，然後才開始往下降，強風也在同一時間停止。我們回到台灣才知道，那天夜裡有兩千多人被大水淹死，漢人的帆船全被吹到斷裂沉沒；港內停了兩艘大船，其中一艘被吹翻全毀，另一艘被迫砍斷所有桅杆，這是不曾在任何海港中見到的景象。堡壘因為只是建在沙地上，也遭受嚴重損壞；第二天，我們忙著掩埋被丟在海邊的屍體；我方死了一百五十人，漢人也死了很多。在港口對岸的海邊，距離台灣一個火砲射程的地方，原本有一座角面堡[53]，是三十年前建的，城牆厚度超過二十尺，結果竟在風雨中連同裡面所有人被沖進海中；福爾摩沙島的居民從不曾看到大海漲到像那天夜裡那樣高；市區嚴重受創，倒了很多房屋。

---

53 即澤堡（Zeeburg）砦堡，位於現今台南市安南區四草大眾廟正後方。

法蘭索瓦‧卡宏，台灣總督

　　法蘭索瓦‧卡宏（François Caron）生於一六〇〇年，一六七三年歿，父母是法國人。他在荷蘭成長，因為他的雙親是胡格諾派（huguenot）信徒，也就是新教徒，為了逃離法國的宗教迫害，他們避居在荷蘭。十九歲時，卡宏登上一艘荷蘭東印度公司的船，前往日本為該公司服務。他娶了一名日本女子為妻，事業穩定爬升，三十九歲當上東印度公司在平戶[54]的商館主任，當時日本國對外貿易大都還在這個港都進行。

　　卡宏從一六四四年到一六四六年擔任台灣總督，然後邁入他在東印度公司最後一階段的生涯，前往巴達維亞[55]辦事處擔任總經理，負責督導該公司在亞洲的全體業務。

　　不過他的事業並未就此結束：離開荷蘭東印度公司以後，他過了一陣子退休生活，然後在一六六六年重出江湖，接受路易

54　譯注：平戶位於日本九州西北部，是日本本土最西端的城市，現屬長崎縣。平戶曾是日本遣唐使前往中國及其他地區的出發地，並一度成為倭寇的根據地，鄭成功也出生在平戶。十六世紀起，歐洲商船到此進行貿易，荷、英等國先後成立商館。江戶時代初期，平戶是日本主要對外通商口岸，直到一六三九年日本實施最後一次鎖國令，將國際貿易限制在長崎港為止。荷蘭東印度公司的平戶商館於一六四一年遷至長崎。

55　即雅加達。

十四的大臣柯爾貝（Colbert）[56]的聘請，擔任法國東印度公司總督[57]。擁有法國家庭背景的卡宏於是入籍法國，為「太陽王」效力，遠赴各地成立商館、開展貿易。他在蘇拉特（Surat)設立法國在印度的第一間商館，隨後又到爪哇西部的萬丹（Banten）成立辦事處。一六七三年，卡宏的船在返回法國途中失事於里斯本外海，卡宏遇難。

---

56 譯注：尚—巴提斯特・柯爾貝（Jean-Baptiste Colbert，1619-1683）是法國政治家、國務活動家，在「太陽王」路易十四時代長期擔任財政大臣和海軍國務大臣。柯爾貝奉行重商主義（因此「柯爾貝主義」成為重商主義的代名詞），積極發展法國的工商業，並透過政府控制，開辦新式工廠和建立殖民貿易公司。一六六四到一六七三年間，他陸續建立法國東印度公司、法國西印度公司、北方公司、近東公司、非洲公司等貿易特許公司。

57 當時該公司剛起步，發展遠遠落後荷蘭東印度公司。

一位「紳士傭兵」

在荷蘭占領福爾摩沙初期，另一名服務於荷蘭東印度公司的法國士兵為我們描繪了他眼中的福爾摩沙島，比莫里涅爾早了二十年。他在島上待的時間不長，大概只有幾個月，因此他的見聞錄沒有莫里涅爾的那麼精細，有時稍嫌粗略，可信度也比較低。不過這個文本可能是造訪過台灣的法國人留下的第一份記述。

作者被稱為一名「法國紳士」，而「紳士」（gentilhomme）一詞當時指的就是貴族。這份文本於一六四五年在巴黎出版時，出版商只用這幾個字介紹了作者。

一六三一年八月，我們一行兩百個法國人從巴達維亞出發，前往福爾摩沙島的台灣碉堡，接替已經派駐該地期滿的部隊。

我們來到漁翁群島，這個地方島嶼眾多，而且距離都很近，幾乎可說只是由小水道分隔開來。我們在那裡的時候，這個群島屬於一位重要的中國王妃，據說是皇帝的姑姑[58]。荷蘭人在規模

---

58 事實上可能是指從早期開始在澎湖祭拜的媽祖。

RELATION
D'VN VOYAGE
AVX INDES ORIENTALES,
Par vn Gentil-homme François arriué depuis trois Ans.

《東印度旅行記,由一名抵達當地已三年的法國紳士親撰》,標題頁,一六四五年出版於巴黎。

Voyage de Batauia dans le Fort de Tayoan qui est dans l'Isle Formose.

AV mois d'Aoust 1631 nous partismes deux cens François de Batauia, pour aller dans le Fort de Tayoan,

「法國紳士」的記述開頭:「一六三一年八月,我們一行兩百個法國人從巴達維亞出發,前往福爾摩沙島的台灣……。」

比較小的一個島上建了一座堡壘[59]，不過漢人在大島的海邊也造了一座要塞，並強迫那些法蘭德斯人[60]放棄他們的堡壘，然後漢人一夜之間就把兩座堡壘摧毀。這些島嶼的居民幾乎都以捕魚為生。最大島中央有一座大型清真寺或廟宇[61]，我進去參觀，看到同一邊設了三座祭壇。中間的祭壇最大，有四隻豹守護，上面供奉他們的主神，叫作大Josse神[62][63]。偶像與祭壇裝飾得美侖美奐，並點綴了寶石。另兩座祭壇上分別立了一個大型偶像，還有一座祭壇上可以看到五個人物圖像，當地漢人說他們都是大Josse神的朋友，生前都過著非常聖潔的生活。

二十八日，我們終於抵達台灣，這是一座擁有四個棱堡的要塞，一六二五年開始興建，位於一座小島上，與福爾摩沙隔了一條小水道。總督在那裡生活得像個土霸王，他的寓所宛如親王府般氣派。在當地以北三十里[64]的地方，葡萄牙人也蓋了一座要塞[65]

59　譯注：即風櫃尾荷蘭城堡，位於馬公港對面、俗稱「蛇頭山」的小半島上（當時有可能是尚未有陸連的小島），建於一六二二年，於一六二四年九月拆毀夷平。

60　譯注：法蘭德斯現指比利時北部說法蘭德斯語（荷語的一個地區變體）的地區。在聯省共和國（尼德蘭七省聯合共和國）成立以前，法蘭德斯在以荷語為主要語言的低地國家一直是一個重要地區，因此法蘭德斯人常被用來泛指荷蘭人。

61　這位記述者採用「清真寺」一詞的原因可能與先前他在爪哇生活時見識過伊斯蘭教的經驗有關。

62　即前文的Yosse，「主神」的音譯。

63　譯注：記述者參觀的廟宇應為澎湖馬公天后宮，該寺廟在興建之初即以天后（媽祖）為主祀神。

64　一五〇公里。

65　譯注：可能是指淡水紅毛城。紅毛城於一六二八至二九年間由西班牙人開始築建，並命名為聖多明哥城。由於葡萄牙人在台灣似乎沒有建城的記錄，因此本文記述者寫的葡萄牙人可能是訛誤。一六四四年（記述者旅台後十三年、本文在巴黎出版前一年），荷蘭人於聖多明哥城原址附近重新建城，命名為「安東尼堡」，由於當時漢人稱荷蘭人為紅毛，因此安東尼堡被他們稱為「紅毛城」。淡

和一些美麗的房屋。

「福爾摩沙」是名副其實的美麗島，它正好位於北回歸線以南，與中國的距離有若干里。福爾摩沙島長六十多里[66]，寬三十里[67]。這裡土地肥沃，有多條河流澆灌，如果缺了什麼物資，旁鄰的中國都能提供，從中國渡海過來捕魚的漢人會把島上沒有的水果和其他貨品帶來。總督盡享狩獵之樂，這裡有各式各樣的野生動物，特別是數量龐大的鹿。這裡也有一種奇特的動物，我們的人把牠稱作「台灣惡魔」，牠跟狐狸差不多大，頭部像豬，口鼻部像鼬，尾巴頗長，身體覆滿堅硬而緊密的鱗片，連用尖戟都無法傷害牠，除非正好擊中喉部的要害。通常牠會待在沙丘裡，我們想獵捕牠的時候，牠會瞬間造出一個洞躲進去[68]。島上的居民也宣稱他們看過一種奇特的動物，很像總督馬廄裡的駿馬，不過額頭中央有一支長達一度的角，這可能是我們所說的獨角獸。

島民身形精壯，擅長狩獵，各黑人村[69]的男人經常互相打仗，把女人留在村裡製作machicou酒[70]，這種酒是用米和一些植物根部釀造的，比西班牙的葡萄酒更好喝，弗隆蒂尼昂酒[71]和中

水與台南的直線距離超過二五○公里，航海距離約三百公里，與文中所說的三十里（一五○公里）差異甚大，即使以古里的最高值計算也遠不及三百公里，因此可推測當時記述者採用的估計數據有誤差，此由內文下段高估福爾摩沙島寬度（記述者稱三十里）的情況類似。

66　三百公里。
67　一五○公里。
68　這種動物就是穿山甲。
69　譯注：「黑人村」（nègrerie）一詞來自馬來語的negeri，意指村落，但當時法國人將它轉為nègrerie，意指黑人村，原住民的村落。
70　譯注：即前文提過的「machiko」。
71　譯注：弗隆蒂尼昂（Frontignan）位於法國地中海岸，以當地麝香葡萄（muscat）

國釀造酒[72]也都無法媲美。在荷蘭人治理這座島嶼以前,這裡的婦女有墮胎的習慣,她們認為三十歲以前生小孩是可恥的事[73]。目前,做這種蠢事的女人必須交出兩頭豬作為貢品,這對他們是很大的負擔,因為這種難登大雅之堂的動物就好像他們的神,這些民族跟古埃及人一樣,只崇拜某些動物。他們也會慎重其事地把祖先的屍骨保存在自家。現在這個島上有超過兩萬名基督徒。Sincam[74]是島上最大的黑人村;總督掌有那裡和一些鄰近村落的司法管轄權。這些人的武器是弓箭和標槍,他們操作得非常靈巧;他們在征戰中殺掉敵人以後,會把敵人的首級和其他肢體精心存放在自家的櫃子裡。這樣他們就能透過這些死屍,學習家族的歷史,比方說我爸爸砍了這隻手、我爺爺砍了這個頭。

在我們來到這裡以前,這些族群沒有任何宗教,不過他們天性非常良善,毫無困難就接受了基督教。葡萄牙人和荷蘭人也教會他們穿衣服。值得一提的是,在他們知道歐洲人的名字以前,某些人的祖父輩已經有類似托馬(Thomas)、約翰(Jean)這種

品種釀造的原產地命名控制(AOC)葡萄酒聞名,坊間稱為「方廷楠」、「芳蒂娜」等。

72 譯注:原文寫的是bière chinoise(字面意義是「中國啤酒」),不過因早期歐洲的bière與現代啤酒非常不同(例如幾乎沒有氣泡),而十九世紀才出現的中文「啤酒」一詞指的是現代啤酒,因此這裡不適合稱為「中國啤酒」,而是某種會讓十七世紀歐洲人聯想到bière的釀造酒,推測可能是中國的三酒。

73 孟德斯鳩(Montesquieu)在一七四八年著作《論法的精神》(De l'esprit des lois)中提過這種習俗,藉以說明如何在人口控制方面因地制宜;他具體寫道,某些國家「氣候很好但土地不夠好;那裡人口增加得快,飢荒卻又使人口減少」;他指出,由於這個原因,「福爾摩沙島的宗教不允許女人在三十五歲以前生小孩:在達到這個歲數以前,女祭司會擠壓她們的腹部,令她們流產」。

74 即新港,位於今天的台南市新市區。

名字。這些野蠻人非常謹慎地保護自己居住的黑人村，二十四小時進行不間斷的守衛，夜裡每隔半小時就會換哨一次。這些族群很會打獵，經常獵捕一種他們稱作「瓦伊克」（vaïque）的動物[75]，在福爾摩沙，這種動物的體型大小類似歐洲的獵犬，而同類動物在爪哇的體型大小類似野兔[76]，牠像普通的鹿一樣長角，不過角比較小，沒有分叉，前端的形狀彷彿有個大結節。

這座島嶼是美麗島中的美麗島，如果不是因為有地震（尤其每年冬天都會出現強烈地震），可以成為無與倫比的旅居地。假如有一天東印度公司在這裡建立一座像巴達維亞那樣的城市，它可以從中獲取難以言喻的利益，即使是現在，光是靠與中國和日本的大規模貿易，福爾摩沙就已經讓荷蘭沾了不少好處，要是沒有這個島，荷蘭人不可能做這麼多生意。

在台灣以南不遠的地方，有一座「金獅島」[77]，周長大約四或五里[78]；這是一個海上天堂。「金獅島」這個名字來自一艘荷蘭船隻「金獅號」，這艘船在該地擱淺，逃到岸上的船員遭島民割喉殺害，結果荷蘭人把所有人逮捕，當成奴隸。這些奴隸很有工藝天賦。我們在福爾摩沙期間，荷蘭人強迫所有黑人村納貢，還發動一系列小型戰爭，以收服島上的居民，我們以一千人左右的兵力攻下主要的黑人村之一——Matau[79]，掠奪一番以後

---

75 可能是學名為Muntiacus Reevesi的小型鹿科動物——山羌。
76 即爪哇鼷鹿，也稱南洋鼷鹿或鼠鹿。
77 即小琉球，過去西方人也稱Lamai或Lambai（拉美島）。
78 二十或二十五公里。
79 麻豆。

放火燒掉村莊。這些族群逃進林區，不過最後都出來求和，現在Matau、Taquerehem[80]以及幾乎所有其他部落都向東印度公司納貢，例如Sincam[81]和Bacoloham[82]。心思細膩狡猾的漢人過去曾迫使這些野蠻人叛變，不過最後定居在這座美麗島嶼的漢人和島上的原有居民都必須納貢，進獻大量鹿皮。

80　小琉球或「拉美島」的另一個稱呼。
81　新港。
82　Backloun目加溜灣，位於台南市善化區溪美里。

十七世紀台灣的村社

　　十七世紀時，台灣島上大部分村社的居民是現在所謂的平地原住民，漢語稱「平埔族」。在從前的法文文獻中，可以看到數種稱呼，例如「平地野蠻人」或十九世紀時說的pepohoan，即「平埔番」的閩南語發音轉寫（其中的「番」意為蠻族、野蠻人，有時泛指所有「非漢人」）。在那些時期，中文以「熟番」一詞指稱平埔番，意思是「文明蠻族」，也就是與漢人經常往來的族群；與熟番相對的是「不文明蠻族」——生番，漢人與這些人接觸極少，而且通常處於衝突關係。雖然後來的法文文獻採用這套源自中文的詞彙，不過我們不能忘記，在十七世紀初期，居住在台灣的主要是原住民，當時漢人移民才剛開始定居台灣，人數還不多。

　　十七世紀法國記述者提及的村社有時在地圖上不易判別精確位置，主要原因有三：首先，當時的原住民語地名現已消失，由中文地名取代；其次，有些當時的重要村社現在已經變成沒沒無聞的小村落——當代的台灣城鎮不見得是在原有村社的確實位置發展起來的；第三，在這些記述者撰寫他們的經歷時，還不存在標準化的轉寫方式供人用法蘭德斯語拼寫本地語言，而想用法文轉寫自然更不容易。因此，以下的地名對照可能含有一些錯誤或

較粗略的地理關聯性，不過這份清單還是可以大致呈現今天已經消失的聚落地理分布情形。

法文文本中提到的地名	相關對應以及現在的位置
Theouan、Tayoan	Dayuan，台灣、大灣、大圓、大員，今天的台南市安平區
Sinkam、Sincam	Singang，新港，位於台南市新市區新港
Baklouam、Bacoloham	Backloun，目加溜灣，位於台南市善化區溪美里
Soulan	Siaolong，蕭壠，今天的台南市佳里區
Mattaw、Matau	Madou，麻豆（台南市麻豆區）
Toulissant	Tirosen、Toelosang，諸羅山，位於今天的嘉義市
Takays	可能是彰化二林或雲林斗六
Quilam	Keelung，基隆
Tamsuy	Tamsui，淡水
Farbrou	應該是Verovorongh，中文現稱麻里麻崙，位於屏東縣萬丹鄉
Pansoy	放索社，位於今天的屏東縣林邊鄉
Akaw	音譯為「阿猴」，即屏東的舊稱
Etné	荷語為Netne，中文譯為力力社，位於今天的屏東縣崁頂鄉
Soutenaw	屏東縣里港鄉塔樓村
Tictayan	大澤機社，應該位於屏東縣武洛
Redoute de Vlissingen	弗利辛根砦堡，位於今天的台南北門一帶
Redoute Zeeburg	澤堡砦堡，位於今天台南市安南區的四草大眾廟後側
Iles Pescadores	漁翁群島，即澎湖群島
Ile de Lion d'Or、Taquerehem	小琉球，荷治時期曾稱「金獅島」

N

Redoute Vlissingen
● Vlissingen砦堡

台南市

Mattaw
● 麻豆

Soulan
● 佳里

Baklouam
● 善化

Sinkam
● 新市

Fort Provintia
赤崁樓

Redoute Zeeburg
Zeeburg砦堡 ●　Tayoan / Fort Zeelandia
● 安平堡

十七世紀台南附近的原住民部落與荷蘭東印度公司砦堡。（繪製：Kyo）

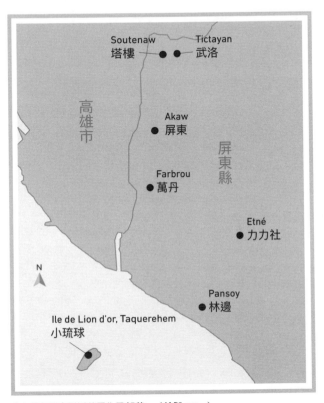

十七世紀屏東附近的原住民部落。（繪製：Kyo）

第二章

東寧王國
時期

國王的侍衛長

　　鄭成功——過去西方人普遍採用「國姓爺」（Koxinga）
這個稱呼——是一名商人、海盜、部隊統帥，生平致力反抗
一六四四年滿人推翻明朝皇權後建立的清朝。一六六二年，鄭成
功將荷蘭人逐出台灣，在福爾摩沙建立一個小王國——東寧國。
他去世以後，王國從一六六二到一六八一年由他的兒子鄭經統
治，然後又傳給他的孫子鄭克塽。一六八三年，大清出兵擊敗東
寧王國。鄭成功被奉為傳奇人物，各方人士均將其視為偶像，認
為他是對抗外族侵略者（包括滿洲人與荷蘭人）的民族英雄，並
且解放了台灣，讓台灣擁有一個自治政府。

　　鄭成功的父親是漢人鄭芝龍，母親是日本人田川氏，他出生
在日本港都平戶，當時他的父親在那裡做生意。這位中日混血的
戰爭將領雇用外國傭兵為他效力，其中最為人所知的例子是他的
黑人兵團[1]，兵團成員可能來自印度南部、東印度或非洲，具體
身分為何，說法不一，也許原本是葡萄牙人在澳門的奴隸，或曾
經是荷蘭東印度公司的外籍士兵。

　　在東寧王國的外國傭兵中，可能至少有一名士兵是法國人。

1　譯注：即當時閩南人說的「烏鬼」，例如負責保衛王城的「烏鬼護衛鎮」。

我們之所以知道這件事，必須歸功於皮耶・朗博・德拉默特（Pierre Lambert de la Motte）主教，這位主教先後於一六六二年到一六六八年以及一六七二年到一六七六年派駐於暹羅（泰國）首都阿瑜陀耶，他是負責天主教會在東亞發展的主要人物之一。

一六七二年時，東寧國王是鄭經，當年十一月二十四日默特主教從阿瑜陀耶寫報告到巴黎外方傳教會（Missions étrangères de Paris）總部，闡明他有意派遣神父前往福爾摩沙宣教，特別是以這個島國為跳板，設法將觸角伸入當時不對基督教傳教士開放的中國和日本。

福爾摩沙島離日本不算太遠，距離中國的一個省分更近，那就是漳州。泉州地區說的語言與福爾摩沙相同，我們應該能找出後續進入那裡的辦法。這樣一來，這個已經在我管轄範圍內的島嶼就可以成為外方傳教會的集散地，並為基督宗教事務提供一條非常有利的門徑。

治理福爾摩沙島的君王擁有極大的陸海掌控權。不久前他才派遣使節團前來暹羅朝廷，試圖與暹羅國王結盟，並探尋與此地臣民做買賣的機會。負責載運大使的船隻裝滿珍貴的中國和日本商品，並奉命以此與暹羅王國盛產的物資交換，包括象牙、鉛、錫、硝等等。據說福爾摩沙的商人對那次生意高興極了，打算明年回來繼續交易。今年二月我們出訪交趾支那[2]時，那裡的一位

2　譯注：交趾支那（Cochinchine）是中南半島的一個歷史地名，位於今日越南南部，越南人稱為「南圻」（南方之土）。這個地區原由占族、高棉族和高地民族居住，十七世紀開始逐漸被越南的廣南國——阮朝蠶食。法文中的Cochinchine

省長告訴過我們一些關於福爾摩沙的事，這次我們利用他們初次來到暹羅的機會，又設法打聽了一些消息，結果得到的資訊符合那位省長的描述。

福爾摩沙顧名思義是個美麗島，這座島嶼不僅美麗，而且人口眾多，中國和日本的商人經常前去做生意，將他們國家琳瑯滿目的商品運到那裡。生活在島上的民族身體強健，其中體格最好的人會被挑選出來從軍，接受所有形式的軍事訓練。據說君王的軍隊中有幾個歐洲人，過去荷蘭擁有這座島嶼的主權時，他們曾為荷蘭人服務。在這些歐洲人當中，有一個法國人擔任君王的侍衛長，君王特別賞識他，給他一般軍人兩倍的薪餉。近年華人在菲律賓列島遭到殘酷對待，馬尼拉總督下令大規模屠殺華人，這位號稱出身中國皇室的君王為了替華人報仇，在一六七一年底親自率軍渡海前往，兵力包括五千名水手和一萬名甲兵。可是天主透過一場突如其來的意外，打斷了他的計畫。一名他熱愛的女子墜海而亡，沒有人救得了她。這個不幸令他遭受莫大打擊，他不戰而歸，解散部隊，徒留內心無盡痛苦。

東寧王國派遣到暹羅的大使返回福爾摩沙時，假如我們有足夠人力前去，暹羅國王肯定能幫我們爭取到一個船位。不過後來我們只簡單寫了一封信給那位擔任侍衛長的法國人，問他對我們打算明年派幾位神父過去的計畫有什麼想法，我們的目的一方面是想看看能在那邊做些什麼傳教方面的事，另一方面也是為了設

一名源自葡萄牙文，十六世紀葡萄牙人以「交趾」（在中文和越南文中指越南北部）稱呼越南中部峴港一帶，拚寫為Cochin，但為與另一個Cochin（科欽）區別，另加上China（「支那」），成為Cochinchina。

法從那裡前進中國沿海各省。其實我們神學院裡有兩名通譯通曉福爾摩沙語，他們正在教庫托蘭先生（M. de Courtaulin）學這個語言，讓他先做一些準備，等我們認為時機恰當時前往那裡，我們的希望是他在那裡能得到良好的接待，我們也期許他的旅行將不僅僅是有用，而且在某方面有其必要，因為當地的政策不容許西班牙和葡萄牙的神職人員，因此現在幾乎只有靠法國傳教士的力量，他們才能得到精神救濟，而傳教士的人數目前可說無法滿足需求。

當時確實有兩名法國神父住在阿瑜陀耶——庫托蘭和布夏爾（Bouchard），他們積極籌備前往福爾摩沙傳教的事宜，努力學習當地語言，「在這項學習方面（已）有長足進步，甚至像中國人那樣蓄長髮」。不過最終他們被派到交趾支那，而我們不知道東寧國王鄭經的法國侍衛長到底有沒有回信給主教，甚至無法確定這個法國人是否真的曾經存在……

東寧王國的覆亡

　　法國報章報導了明帝國最後一批擁護者敗亡的消息。一六六二年國姓爺（Koxinga，也寫成Coxinia）將荷蘭人逐出台灣後建立的東寧國最終在一六八三年被源自滿洲的清帝國推翻（當時西方稱滿洲人為韃靼人）。關於大清皇帝的勝利，馮秉正神父在十八世紀初期撰寫了一份相當詳盡的報告，不過以下提供的是《風雅信使》（*Le Mercure Galant*）雜誌[3]早在一六八六年八月就為巴黎讀者帶來的報導：

　　諸君可知，韃靼君王[4]入主中國後，強迫他的新臣民們永遠剃髮。由於削髮對中國人而言是奇恥大辱，幾位重要藩主以維護自由、反抗壓迫之名，在廣大帝國各處據地為王。令韃靼王最頭痛的藩王名叫吳三桂[5]。吳三桂在中國南方的三個省分組建自己

3　譯注：《風雅信使》（也譯「文雅信使」）於一六七二年在巴黎創刊，早期以宮廷軼事、民間趣聞、詩歌、史話等為主要內容，可說是世界上第一份文娛性質期刊。一七二四年更名為《法蘭西信使》（*Mercure de France*），逐漸成為法國最權威的文學刊物之一。經過多次變遷，十九世紀末發展出版事業，匯聚眾多鼎鼎大名的文學家於一堂。一九五八年由伽利瑪出版社（Éditions Gallimard）購併，雜誌於一九六五年停刊。

4　譯注：此指一六四四年入關的清順治帝。

5　原文拼寫為Gosangoy。

《風雅信使》的一六八六年八月號封面。

的王國，對抗韃靼王三十餘年。幾年前從荷蘭人手中奪取福爾摩沙島的著名海盜國姓爺也占據了中國的一些島嶼和海港。追隨這兩位藩主的中國人皆以蓄長髮為榮，不過吳三桂去世之後的四、五年間，他的子嗣都無法像父親那樣有效維持江山，於是韃靼王霸占這三省，正如先前他攻取鄭成功把持的所有領土。甚至早在一年以前就有消息指出，這位皇帝已經派遣一支強大海軍前往福爾摩沙島；鄭成功在那裡千辛萬苦建立的王位在他死後由一名子嗣繼承，結果卻因一名重要大臣背叛，致使中國軍隊輕易降服福爾摩沙。因此我們可以說，中國人如今已被全體收服，韃靼王[6]則成為東方最偉大的君主。

6　此時的「韃靼王」是清康熙帝，即前述入主中國的「韃靼君王」順治帝之子。

陸方濟主教在台灣的
真實故事

　　陸方濟主教本名法蘭索瓦・帕盧（François Pallu），生於
一六二六年，一六八三年出任赫里奧波里斯（Héliopolis）主教一
職，卒於一六八四年。赫里奧波里斯是一個假想的地區[7]，教宗
以此為由，派遣高級神職人員前往一些當時還沒有天主教信徒的
地方。陸方濟是教會派往遠東的高級幹部之一。身為巴黎外方傳
教會的創始成員，他最想前往宣揚天主教的地方是中國，不過
從他居住的暹羅（即今日的泰國）到中國是一趟艱辛的旅途。
關於他的經歷，各種史料提供了不同的描述，不過最值得採信
的可能是法蘭索瓦─提摩雷恩・德舒瓦西（François-Timoléon de
Choisy）神父[8]的版本，德舒瓦西從那場冒險中看到了神蹟，並在
一六八七年加以記述。陸方濟主教於一六八三年的一個關鍵時刻
抵達台灣，見證了東寧國滅亡及清軍征服台灣島的歷史。

7　譯注：赫里奧波里斯這個地名原本是古希臘人對古埃及重要城市的稱呼，意為
　　「太陽城」。

8　譯注：法蘭索瓦─提摩雷恩・德舒瓦西（1644-1724）是法國神職人員、作家，
　　法蘭西學院院士。德舒瓦西在一六八三年經歷一場幾乎致命的大病以後，進入巴
　　黎外方傳教會潛修一年。一六八五至八六年間，他以助理身分加入路易十四委派
　　亞歷山大・德修蒙（Alexandre de Chaumont）率領的使節團，前往暹羅（此為法
　　國首次派遣外交人員到暹羅），在當地獲神父聖職。

陸方濟主教肖像，由十七世紀法國最著名
畫家之一菲利浦·德尚沛涅（Philippe de
Champaigne）所繪。（圖片來源：Wikimedia
Commons）

　　我剛拜讀了赫里奧波里斯主教親筆撰寫的中國之行記事。待
諸君知曉他是以何種方式進入中國時，切莫感到錯愕——那一切
有點像是神蹟。他在暹羅搭上一艘開往日本的中國船。是康斯坦
斯先生（康斯坦斯〔Constance〕原籍希臘，後來皈依天主教，旅
居暹羅期間成為暹羅國王的重要大臣）將他推薦給船長的，按計
畫，船長應該在廣州海邊讓他和兩名隨行傳教士上岸。接近中國
時，船長得知那裡即將爆發戰爭，韃靼人出動兩百艘船，準備攻
擊福爾摩沙君王，也就是當年守住福爾摩沙島、對抗中國強大征
服者那位領袖的孫子（即鄭克塽，鄭成功之孫）。有人告訴他，
中國的海岸到處是船艦和海盜；結果他不敢靠岸。船上人員希望
繼續前行，打算把主教一行人丟進海裡，因為把這幾個傳教士載

到日本是他們連想都不敢想的事；那樣做是會鬧人命的（當時日本嚴格禁止基督教傳教士入國）。船長向赫里奧波里斯主教提議把他放在一座荒島上，讓他自己設法在那裡求生，同時對他承諾從日本返航時會去接他。善良的主教接受了這個主意。他們開始找荒島，這時出現了三個韃靼海盜。中國船長張滿船帆，全速航向日本。在這個地區找荒島其實不難，可是經過一番尋覓，最終他們卻在破曉時分駛進福爾摩沙島的港灣，而這正是戰爭上演的舞台、船長千方百計想要遠離的地方。不過他發現韃靼人的部隊還沒抵達，而且急於擺脫赫里奧波里斯主教，於是他猛然把主教和兩名傳教士丟在岸上，繼續往日本而去。

當時福爾摩沙陷入一種詭譎的混亂氣氛中：韃靼人隨時可能突襲，而由於君王沒本事抵抗，居民的臉上寫滿憂傷，彷彿在預告他們即將被囚禁或被殺害。不久後韃靼人來到島上，沒有遭遇任何抵抗。君王草率投降，龐大財富任憑敵人掠奪。這時赫里奧波里斯神父會怎麼做呢？他直接前去拜見韃靼將軍，請人告訴將軍他是中國基督教徒的祖父，希望將軍准許他到中國看他的子孫。他那如使徒般聖潔、令人肅然起敬的氣質，或者更確切地說是天主的精神，感動了這位蠻族將領的心。韃靼將軍很意外地不顧任何政治理由，答應了他的請求，然後發給他護照，用一艘船把他載到福建，而福建正是主教預定執行傳教任務的地方。我們不得不承認，這一切並非自然發生的事。

在那趟驚險旅行中陪同陸方濟主教的傳教士之一是梅格洛（Maigrot）神父，他為後世記載了主教如何運用在福爾摩沙度

過的五個月時間——對主教而言，這個島嶼成為一處靈修之所：

　　除了為他在島上找到的幾個基督徒提供幫助，以及耐心承受魔鬼對他激起的種種迫害，他幾乎無事可做；他把絕大部分時間用在誦經和閱讀聖經，並且經常告訴我，在這種孤寂狀態中，他相信天主的旨意是讓他有時間為死亡做準備，因為過去二十五或三十年中，他一直忙於繁雜而困難的事務，以致無法撥出應該用來思考永生的時間。他退隱修道，進行全面告解，並重新審視自己一生中的主要行事，藉此準備好在天主要求的時候向祂交代。

　　陸方濟於一六八四年一月抵達福州，實現了赴中國傳教的夢想。他在同年十月去世，享年五十八歲。

第三章

大清帝國治理
時期

一名為大清皇帝效力的神父
兼地圖繪製家（一七一四年）

　　馮秉正（1669-1748）是一名法國天主教神父，本名約瑟夫・德莫瓦里亞克・德瑪亞（Joseph de Moyriac de Mailla）。他在一七〇三年抵達中國，延續他所屬修會耶穌會與清康熙皇帝在地理方面的合作傳統。他獲皇帝授命製作清帝國全部領土的詳細地圖，主要是以按照中國製圖傳統繪製的既有地圖為基礎，為其添加歐洲習用的經緯度座標。在這項由帝國當局大力資助的工作中，馮秉正由其他一些耶穌會士陪同，於一七一四年來到台灣，進行必要的的相關測繪。

　　一七一五年間，他寫了一封信給居住在法國里昂的柯羅尼亞（D. de Colonia）神父，信中對這項官方任務作了一番記述。這封信函的內容於十八世紀初在巴黎出版，收錄在《諭意深長且引人遐思的外方傳教會書信集》（*Lettres édifiantes et curieuses écrites des missions étrangères*）一書中。書信集每年出版一冊，讓民眾有機會閱讀一些在世界各地傳教的耶穌會修士所寫的信件，從中獲取與當時世界情況有關的珍貴資訊。

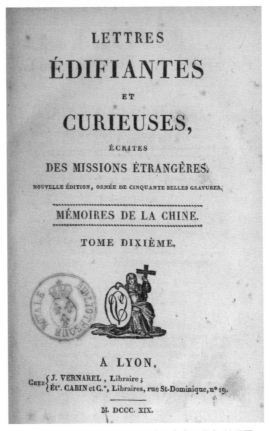

LETTRES
ÉDIFIANTES
ET
CURIEUSES,
ÉCRITES
DES MISSIONS ÉTRANGÈRES.
NOUVELLE ÉDITION, ORNÉE DE CINQUANTE BELLES GRAVURES.

MÉMOIRES DE LA CHINE.

TOME DIXIÈME.

A LYON,
CHEZ J. VERNAREL, Libraire;
Ét°. CABIN et C°., Libraires, rue St-Dominique, n° 19.

M. DCCC. XIX.

《論意深長且引人遐思的外方傳教會書信集》封面頁，
一八一九年版。

馮秉正神父的書信開頭。

寫於江西省[1]九江府[2]，一七一五年八月。

大約四年來，我幾乎不能如己所願，真正獻身傳教職務。在那段時間中，皇帝一直要我繪製中國地圖。在不同工作階段，皇上一共聘請了九位傳教士，其中七個是法國人，包括六個我們修會[3]的人（……）。

上面分配給我跟雷孝思[4]、德瑪諾[5]兩位神父的四個省分無庸置疑是這個帝國境內最美麗、富饒也最重要的省分，分別是

1　原文拼寫為Kiam-si。

2　原文拼寫為Kieou-Kian-fou。

3　即耶穌會。

4　譯注：雷孝思本名為尚─巴普提斯特・雷吉斯（Jean-Baptiste Régis），原文在此只寫了姓氏Régis。

5　譯注：德瑪諾本名為羅曼・興德勒（Romain Hinderer），原文在此只寫了姓氏Hinderer。

河南[6]、江南（或南京）[7]、浙江[8]及福建[9]，還有福爾摩沙，以及這些地區沿海的所有島嶼。這些島嶼大都貧瘠、荒蕪、無人居住。神父閣下，請別指望我為您詳實記述我們在移動過程中所聞所見的一切：那不是一封信可以容納的；在此我只向您報告一些近期從事的工作，也就是我們到福爾摩沙——中國人稱之為Miouan[10]——的行程，以及我們在那裡特別注意到的事物。

　　世界上很少有什麼地區是歐洲人還沒做過詳細記述的。福爾摩沙島雖然地處偏遠，本身的重要性也不大，不過在歐洲絕非無人知曉。只不過歐洲旅行者很難就他們造訪過的地方提供精確的知識；他們通常只待在港口或海岸；他們只能描述自己親眼見過的事物，或轉述從一些稍有往來的民族那裡得到的訊息。

　　這些知識相當有限。一旦我們前進內陸，就很容易明白那裡的民風和習俗與濱海地區居民的風俗習慣是多麼不同。有時我們發現的差異之大，堪比歐洲與世界其他三大地區之間的分別。基於這個原因，那些記述經常充滿瑕疵。傳教士雖然知識程度比一般人高得多，不過也只看到一小片地域；光就中國這個全世界幅員最遼闊的帝國之一而言，雖然傳教士已將基督信仰傳遍每一個省分，也已走訪所有重要城市，但因為他們幾乎都是乘船旅行，偶爾下船也只是為了前往某處教堂或某個基督徒的住處，因此他

6　原文拼寫為Honan。

7　江南、南京原文分別拼寫為Kiang-nan、Nankin。

8　原文拼寫為Tche-kiang。

9　原文拼寫為Fou-kien。

10　或許是「埋冤」（Maiyuan），不過用這個名字稱呼福爾摩沙在當時比較少見；比較有可能是排字人員沒看清楚手稿寫的Taiouan而造成的轉寫訛誤。

們對這個帝國所作的描述不免有缺陷。在這方面，我們比前輩們幸運。我們在這個帝國境內走訪過各式各樣的地方，大城、小鎮、村莊、河流、湖泊、山脈……等等，每位官員奉命為我們提供協助，而我們自己也竭力設法探究所有細節，這一切經歷都讓我們相信，歐洲讀者一定會滿意我們的描述。

一七一四年四月三日，雷孝思神父、德瑪諾神父和我在廈門[11]登船：那是福建省的一個港都，歐洲人稱為Emoui[12]。皇帝派了四名韃靼官員在這趟地理探索行程中陪同我們。我們的小小船隊由十五艘戰船組成；每艘船配有五十名士兵，由一名中國武官和四名階級較低的官員負責統率。順道一提，中國的戰船無法與歐洲的戰艦相比；最大的戰船吃水量不超過兩百五十或三百噸[13]。嚴格說起來，這些戰船只能算是雙桅平底船（……）。

總之我們在四月三日從廈門（也就是Emoui）出發。當天風向不順，一整天我們只前進了六里，最後停泊在金門[14]島上一處叫作料羅[15]的港口。

晚間，風完全停了；不過第二天開始吹起暴風，我們被迫停留在那裡，直到四月九日。那天吹的是相當凜冽的東北風，我們在傍晚四點才啟航。渡海期間，我們一直維持東微南[16]的行進方

11　原文拼寫為Hiamen。
12　譯注：早期歐洲人按漳州話發音（Ê-e-mûi）轉譯「廈門」這個地名，例如這裡的Emoui或更常見的Amoy。
13　譯注：舊時法國的「噸」（tonneau）約為一千公斤，相當於兩千法磅（一法磅約為五百公克）。
14　原文拼寫為Kien-men。
15　原文拼寫為Leaolo。
16　譯注：東微南即羅盤三十二方位中正東往東南一個方位的角度（即正東方位往東

向，因為這條海峽的水流往南流勢極為強勁，使得海面總是波濤洶湧，尤其是夏天吹南方季風的時候。四月十日傍晚五到六點，我們開始看到澎湖[17]群島，九點左右，我們來到稱為西嶼[18]的第一座島嶼，停泊在避風處。這裡的駐軍有一千人，全體駐地武官帶領全副武裝的部隊前來迎接我們。這個小群島由三十六個貧瘠島嶼組成，除了中國駐軍以外，沒有人定居。不過有一名文官派駐在這裡，負責監督從中國駛往福爾摩沙以及從福爾摩沙駛往中國的商船。船舶可說川流不息，為國家帶來大筆收入：我們靠岸停泊時，有超過六十艘從中國往福爾摩沙的商船也停在那裡。

由於澎湖群島不是沙地就是岩石，所有民生物資都必須從廈門或福爾摩沙運去，連柴薪也不例外。我們在那裡完全看不到矮樹叢或荊棘叢；整個群島只有一棵野生的樹點綴。港口很好，什麼風都吹不到那裡，海港底部是沙地，沒有岩礁，完全不會危險，深度達二十到二十五噚[19]左右。在荷蘭人掌控福爾摩沙港的時期，他們在澎湖本島盡頭靠近港口的地方建了某種堡壘，藉以防衛港灣出入口：現在堡壘幾乎已經完全消失，只留下「紅毛寨」[20]這個名稱，意思是「紅毛人的堡壘」（紅毛人是漢人對荷蘭人的稱呼）。這個港口雖然位於無人居住的不毛之地，不過對於維護福爾摩沙絕對必要，因為福爾摩沙沒有一個港口能讓吃水

南方位四分之一的位置），相當於101.25°方位角。

17　原文拼寫為Pong-hou。

18　原文拼寫為Si-sse-yu。

19　三十五到四十五公尺。

20　原文拼寫為Hong-mao-tchai。

深度超過八尺²¹的船隻停靠。我們用四天時間測量了這些島嶼的各種位置、島嶼大小以及島嶼間的距離等。我們測出主島的港口（特稱為澎湖港）的緯度是二十三度二十八分十秒，而透過廈門的相關位置以及我們的估計，我們判定經度位置是北京經線以東三度九分五十秒（我們在北京制定了相對於中國地圖的第一條經線）。

四月十五日，我們趁著良好的東北風吹拂的時機，在凌晨一點啟航。越過本島以後，我們在黎明以前一直朝東行進，以免碰到東吉²²和西吉²³這兩座島嶼。破曉時分，這些島嶼已經被我們遠遠拋在後頭，福爾摩沙的山巒開始隱約可見。我們全速前進。中午左右，我們開進福爾摩沙港，這裡也是福爾摩沙島的首都；當地文武百官都盛裝前來迎接。我們用一整個月的時間勘查這個島嶼屬於中國的部分，據以繪製地圖，期間他們一直以最高規格和無上尊榮招待我們。

我們在府城停留了兩天，以便與當地官員處理所有相關事宜，然後一行人兵分二路：雷孝思神父、德瑪諾神父以及兩名陪同我們的韃靼官員選擇福爾摩沙島北半部；我則跟另兩位隨行韃靼官員一起勘查府城所在縣分²⁴，南部全境，以及近海的島嶼。

21　二點五公尺。

22　原文拼寫為Tong-ki。

23　原文拼寫為Si-ki。

24　譯注：即台灣縣（縣治設於台南）。在此說明，原文記述者以法文département指稱這個行政區域。département中文通常譯為「省」，然就規模而言接近英國的郡（county）或日本、台灣的縣；法文中稱福建、廣東等省分則使用province一字。當時清朝已在台灣設府，管轄台灣島西半部全境，並下分為三縣（如內文下述）。

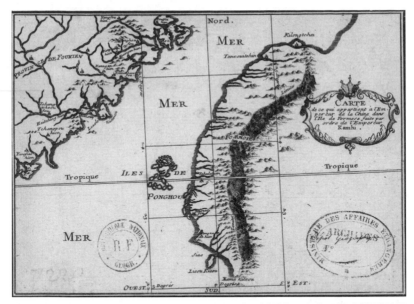

《中國康熙皇帝於福爾摩沙島所屬領土之地圖，由康熙帝下令製作》，馮秉正神父與其耶穌會同僑於一七一〇年代繪製的地圖，其中特別確立了台灣島的座標（經度及緯度）。

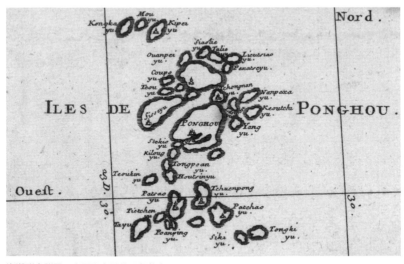

澎湖群島詳圖，本圖為上圖的局部放大。

福爾摩沙島不完全受中國人支配；島嶼分為東西兩部分，中間由一座高聳的山脈隔開，山脈的南端起點是沙馬磯頭[25]，一直延伸到島嶼北端海岸才真正結束，那裡曾經有一座西班牙人興建的要塞，中國人稱為基隆寨[26]。只有山脈以西的地區才屬於中國，位置介於北緯二十二度八分和二十五度二十分之間。中國人說，這是一個未經開墾、多山而蠻荒的島嶼，東半部住的都是蠻族。從他們為我們作的彙報看來，島上這些民族的性格與我們聽說過的美洲野蠻人大同小異。在中國的描繪中，島上的民族沒有易洛魁人（Iroquois）那麼粗暴，比印地安人貞潔許多，天性溫和，人與人之間充滿溫情，習慣互相幫助，完全不會勢利眼，據說他們擁有數座金礦和銀礦，卻對此毫不在乎；不過他們報復心態極強，沒有法律，沒有政府，沒有行政制度，完全以漁獵維生；最後一點，他們沒有宗教，不承認任何神明。這是中國人針對居住在福爾摩沙東部的民族為我們所作的性格描述。不過，由於中國人對外國民族的論點通常不太能採信，我不敢保證這幅圖像的正確性，尤其目前中國人與這些民族之間完全沒有溝通，近二十年來雙方不斷打戰。

早在征服福爾摩沙以前，中國人就知道島上有金礦。他們才剛把福爾摩沙納入中國的強大版圖，就到處尋找這些礦脈：由於在他們主宰的西半部找不到金礦，而且有人告訴他們金礦在東部，因此他們下定決心要到那裡尋找。他們裝配好一艘小船，藉

---

25 原文拼寫為Za-ma-ki-teou，這個地方是台灣最南端的海岬之一：貓鼻頭。
26 原文拼寫為Ki-long-tchai。

此從海路前往，因為他們不想冒著生命危險，讓自己暴露在未知的山區。他們受到當地島民的善意接待，島民慷慨以對，把房子借給他們，送他們豐富的食糧，提供所有他們能期待獲得的幫助。中國人在當地待了八天左右；不過儘管他們費心尋找金礦，最後還是徒勞無功，有可能是因為沒有通譯幫他們向這些族群說明來意，但也有可能是出於恐懼心理和政治考量，他們不想招惹一個有充分理由擔心遭受中國宰制的民族。無論如何，他們出發時以為可以找到很多黃金，結果卻只發現幾個隨意擺在屋內的金塊。這些老實人對金塊的存在滿不在乎，但對中國人而言，那是多麼危險的誘惑！他們大老遠到此卻沒達到目的，心情已經不好，同時又亟於占有對這些擺在眼前的金塊，結果他們竟想出最野蠻的辦法。他們開始整理船上裝備，善良的當地民眾則提供他們返航所需的所有物品。然後他們準備了一頓餐宴，邀請地主們參加，說這是為了表示感謝之意。他們讓這些老實人喝得酩酊大醉，等他們醉得睡著了以後，就把所有人割喉殺害，盜取金塊，迅速揚帆出發。這場野蠻行動的主腦現在還生活在福爾摩沙，而且中國人完全沒想到要懲罰那樣的罪行。話雖如此，這些罪行並非完全沒有受到處罰，只不過無辜民眾承受了犯行者應得的痛苦。中國人殘酷行動的消息在東部一傳開，島民[27]立刻手持武器，進入屬於中國的北部地區，殘忍屠殺他們碰到的所有人，男女老少無一倖免，然後他們放火燒掉一些房舍。從那次以後，福爾摩沙島的東西兩個地區持續處於戰爭狀態。由於我必須靠近這

---

27 指台灣東部的原住民。

些島民的聚落，當局為我安排了一支由兩百名士兵組成的護衛隊，在我繪製福爾摩沙南半部地圖期間提供保護。不過，儘管有如此嚴密的防衛，有一次他們還是遭逢三、四十人持弓箭和標槍攻擊；所幸我們比對方強太多，因此他們不得不撤退。

福爾摩沙島上由漢人持有的地區無疑與歐洲人為這個島取的名稱相當匹配：這是一片非常美麗的土地，空氣永遠純淨而靜謐；盛產各種穀物，並有眾多小河澆灌，這些河流發源於將這個地區與東半部隔開的山區。土地盛產小麥、稻米……等作物。這裡擁有印度[28]大部分的水果：柑橘、鳳梨、芭樂、木瓜、椰子……等等。把歐洲的果樹種植在這片土地上，它們也能生長；我們可以看到桃子、杏桃、無花果、葡萄、栗子、石榴。他們栽培一種他們稱作「水瓜」的甜瓜[29]，這些瓜比歐洲的甜瓜大很多，呈橢圓形，有時是圓形；含有大量清爽甜美的水分，很合漢人的口味；不過這些瓜比不上費南布科（Fernambouc）[30]出產的水瓜，我在南美洲的萬聖灣[31]吃過那種瓜。島上非常適合菸草和甘蔗生長。這些植物都排列得極為賞心悅目，而當農人按照慣用方式，以線繩為輔插秧，稻田彷彿變成美麗棋盤，整個南部大平原頓時顯得不像普通鄉村，而是一座由辛勤雙手精心耕耘的遼闊花園。

---

28 這裡的「印度」在原文中是複數形式的Indes，與單數的印度（Inde）有別；在當時的法文中，Indes指中國以外的南亞和東南亞地區。
29 應該是指西瓜。
30 現稱伯南布科，葡語：Pernambuco，巴西東部的一個州。
31 Baie de tous les Saints，葡語：Baía de Todos-os-Santos，位於巴西伯南布科州以南的巴伊亞（Bahia）州。

由於這片土地過去以來一直只有一個野蠻民族居住，完全沒有開化，因此馬、羊和山羊這些牲畜非常稀少；連在中國到處可見的豬在福爾摩沙都還相當昂貴，不過雞、鴨、家鵝的數量龐大。島上也有很多牛，而由於沒有馬、驢或騾，牛被當成座騎使用。這些牛很早就接受訓練；您可相信，牠們跑得跟最棒的駿馬一樣平穩而快速？牠們身上裝有絡頭、鞍具和臀帶，這些裝備有時價格不菲。我覺得很有趣的是，中國人坐在這樣的座騎上看起來神氣極了，就算他坐上歐洲最俊美的名駒，想必也不會顯得更得意。

　　除了可以看到成群結隊的鹿和猴子以外，島上的野獸非常罕見；雖然跟在中國一樣有熊、野豬、狼、老虎和豹，這些動物只出現在東部的山上，西部完全沒有。鳥類也不多見。最常見的鳥是雉雞，不過獵人不會給牠們太多機會繁殖。還有一點，我想我們可以說，假如福爾摩沙的河水不僅適合灌溉稻田，而且還可以喝，那麼這個島嶼就可以說是十全十美了。可惜對外國人而言，這裡的河水就像是毒藥，而截至目前為止還沒有人找到解方。南部縣首長的一名僕人被派來當我的隨從，他身強體壯，對自己的體魄相當自豪，無論別人怎麼說那水不能喝，他都不肯相信；他堅持喝河水，結果不到五天就死了，沒有任何強身藥酒或解毒劑救得了他。只有府城的水能喝；當地官員很周到地請人用輪車把水運來給我們使用。在西南部距離鳳山縣[32]縣治一里[33]的山腳，可以找到一條小溪的源頭[34]，那裡的水是泛白的藍色，臭氣熏天，

32　原文拼寫為Fong-kan-hien，位於今天的高雄市左營區。

33　約五公里。

34　應該是指鼓山山麓的高雄溫泉。

台灣在清治初期的行政區域。（繪製：Kyo）

令人難以承受。

中國人把他們在福爾摩沙擁有的土地分成三個「縣」，也就是隸屬於福爾摩沙島首府的下級政府。這三個地方政府分別是台灣縣[35]、鳳山縣[36]、諸羅縣[37]。每個縣都有自己的官員，他們直接隸屬於治理全島的知府，知府則受福建巡撫管轄，因為台灣（福爾摩沙）是福建省的一部分。

台灣府城居民眾多，商業發達，人潮熙來攘往，可與中國大

---

35 原文拼寫為Tai-ouan-hien；行政中心設於今天的台南。
36 行政中心設於今天的高雄市左營區。
37 原文拼寫為Tchu-lo-hien；行政中心設於今天的嘉義市。

部分人口稠密的繁榮城市相提並論。這裡可以找到所有我們想要的東西，既包括這個島本身的出產，例如稻米、糖、冰糖、菸草、鹽、中國人很喜歡的燻製鹿肉、各式各樣的水果、形形色色的布匹：棉、麻、某些樹木的樹皮和某些很像薴麻[38]的植物外皮，以及種類繁多的藥草（其中大部分不為歐洲人所知）；也包括外地運來的貨品，如中國和印度的布匹、絲綢、漆器、瓷器、各種歐洲工藝製品等等。島上桑葚樹不多，因此絲織廠很少，本地生產的絲綢也頗罕見；不過開始從事貿易的商人已經賺取相當可觀的利益，或許後續可以用來發展絲織業。

　　假使中國人可以自由前往福爾摩沙島定居，我相信不少家庭早就會渡海前去。不過如果想去福爾摩沙，必須有中國官員核發的通行證才行，而這種通行證價格高昂；除此之外，當事人必須交付保證金。這還不打緊：抵達島上以後，還得送錢給官員；官員嚴格審查進出台灣的人員，如果不給他包禮或禮數不夠，就算握有最好的通行證，也可能遭到遣返。之所以會有這種吹毛求疵的做法，想必是因為中國人天性貪婪，太喜歡累積財富。話說回來，我們不得不承認這是個不錯的政策，可以防止各色人等渡海赴台，尤其是在目前韃靼人統治中國的情況下；因為福爾摩沙是一個非常重要的地方，萬一被某個來自中國的人奪取，可能在帝國境內引發嚴重動亂。因此，韃靼人在福爾摩沙維持一萬人的駐軍，由一名總兵（類似少將）、兩名副將（類似旅長）以及數名較低階的軍官負責統率，每三年更換一次人員，若遇特殊理由，

38　很可能是苧麻。

更換頻率可能更高。我們在那裡的時候，他們撤換了一個四百人的旅，該旅的主要軍官遭到革職，因為他侮辱了一名文官；這件事的起因是在那之前幾天，一位同袍的兄弟被人殺死，而他們認為那位文官沒對那起命案主持正義。

府城的街道幾乎都筆直通暢，而且一年當中有七到八個月被遮蓋起來，以阻絕烈日曝曬；街道寬度只有三十到四十尺[39]，不過在某些地方長度將近一里[40]。幾乎所有街道兩旁都是店屋和商店，門面裝點琳瑯滿目的絲綢、瓷器、漆器，以及其他各種陳列得美侖美奐的商品，中國人在這方面非常厲害。這些街道看起來像迷人的商店街，可惜路人摩肩擦踵，路面又鋪設得不盡理想，否則沿街走逛會是很享受的事。大部分房屋是以泥土和竹材建造，屋頂用茅草覆蓋。遮蓋街道的蓬幕遮住難看的部分，讓人只看到商鋪。荷蘭人統治台灣時在那裡興建的唯一一棟房子[41]頗有價值。那是一座三層樓的大型府邸建築，周圍建有包含四座半棱堡的城牆：這為居住在這些遙遠國度的歐洲人提供必要防護，因為這種地方缺乏公平與誠正，詐欺手段及不公行為經常取代本本分分的努力。這棟建築可眺望港口，必要時也許可以用來對抗敵方登陸。

台灣府沒有城牆，也沒有防禦工事；韃靼人不會將他們的力量與勇氣圈圍在壁壘之中；他們喜歡在空曠的大地上騎馬打仗。港口相當優良，不受任何方向的風吹襲，不過船隻進港變得越來

39　九到十二公尺。

40　約五公里。

41　應該是指漢人稱為「赤嵌樓」的普羅民遮城（Fort Provintia）。

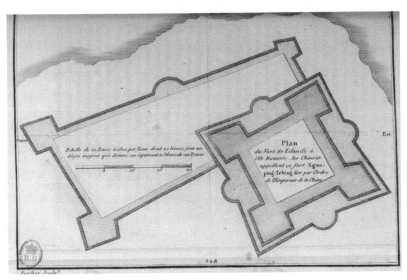

熱蘭遮城平面圖，馮秉正神父繪製。

越難。以前船舶可以從兩個地方開進港口，一個是台江[42]，過去
噸位最大的船舶在那裡停泊毫無困難；另一個是鹿耳門[43]，那裡
的海底是岩石，漲潮到最高點時水深也只有九到十尺[44]。台江的
入口目前已經無法使用：有些地方水深只剩五尺[45]；最深處可達
七到八尺[46]，不過大海帶來的沙土每天都在將它填滿。從前荷蘭
船艦就是從台江開進港口；而為了防範外國船隻入港，他們在台江
南側的島嶼尖端建了一座堡壘，堡壘本身造得極好，只可惜是蓋在

---

42 原文拼寫為Ta-kiang。
43 原文拼寫為Lou-lh-men。
44 約三公尺。
45 一點五公尺。
46 二點五公尺。

沙地上；不過非常有利於防衛最令人懼怕的敵人，也就是中國人和日本人。在此附上我畫的堡壘平面圖。堡壘位於台灣府城以西兩分的地方，全面掌控這座可供兩百噸以上船隻停泊的港口。

　　福爾摩沙受中國支配的部分由兩個不同民族構成：漢人和當地原有居民。受利誘吸引而來的漢人源自數個中國省分。台灣府城、鳳山縣城和諸羅縣城住的都是漢人；唯一能看到的本地原有居民全是服務漢人的僕人，說得更確切就是奴隸。除了這三個城市以外，漢人還擁有好幾個村莊，不過這些村莊都沒有稍具規模的堡壘，只有一個例外：安平鎮[47]。安平鎮的堡壘位於熱蘭遮城下方（過去荷蘭人將我在前面提到的城堡稱為熱蘭遮）。安平鎮大約有四百到五百個家戶。那裡有兩千名士兵駐防，由副將（旅長）負責指揮。

　　福爾摩沙的治理方式和當地漢人的風俗習慣與中國的治理方式及風俗習慣如出一轍。因此，我在此側重讓您了解島上原有居民的特性及治理形態。這些臣服於漢人統治的原有居民分成四十五個村鎮或聚落，稱為「社」[48]：北部有三十六個社，南部有九個社。北部的村社人口相當多，房舍類似漢人的建築，只有少許差異。南部的村社只是由一些茅屋組成的集落，這些用泥土和竹材搭建的房舍蓋在架高三到四尺[49]的平台上，形狀類似倒立的漏斗，直徑從十五、二十、三十到四十尺[50]不等；某些房子

47　原文拼寫為Ngan-ping-tching。
48　原文拼寫為ché。
49　一到一點二公尺。
50　四點五到十二公尺。

內部有隔間。這些茅屋裡沒有椅子、長凳、桌子或床，什麼家具都沒有。室內中央有一種用泥土架高兩尺或兩尺以上的火爐或爐灶，他們在上面烹飪食物。通常他們的食物是米飯、細粒穀物和野味。他們靠追趕方式或用武器捕殺獵物。他們的跑步速度非常驚人。我親眼看過他們全速衝刺，那種速度比馬還快，令我驚訝不已。根據漢人的說法，他們之所以能跑得那麼快，是因為他們從小練習將自己的膝蓋和腰部極度縮緊，直到十四或十五歲為止。他們的武器包括一種標槍，他們可以非常精準地把它投擲到七十到八十步的距離[51]；而他們雖然使用再簡單不過的弓箭，卻能萬無一失地射中飛翔的雉雞，與歐洲人使用獵槍一樣精準。他們的用餐習慣很不衛生：既沒有盤碟盆碗，也沒有刀叉、湯匙或小棍棒[52]。料理好的餐食只簡單擺在木板或編織墊上；他們用手指抓取菜餚食用，有點像猴子吃東西。他們吃半生不熟的肉；只要稍微用火炙烤一下，他們就覺得非常美味。他們的睡床是用某種樹木的新鮮葉子簡單鋪成，那種樹在島上很常見，不過我不知道叫什麼名字；他們把葉子鋪在地面或小屋的地板上，躺下去就可以睡覺。他們穿的衣服只是一塊布，他們用它來遮住腰部到膝蓋的部分：您豈能相信，人類內心的驕傲如此根深蒂固，卻有辦法以那麼貧苦的方式進食和維生？您可能更難相信，比起世上那些文明程度最高、對奢華與氣派最自豪的民族，他們付出的代價反而更高？文明民族使用動物毛皮和蠶絲，在上面鑲金繡銀；

---

51 約合七十到八十公尺。
52 指筷子。

這些當地民族則以自己的皮膚為素材，在上面鐫刻一些醜怪的樹木、動物、花卉……等圖案，這令他們痛楚難當，他們甚至告訴我，如果鐫刻程序持續不斷地進行，有時這種疼痛可能導致死亡。他們花數個月的時間做這件事，有些人甚至花上一整年。在這段時間中，他們每天都得承受這種酷刑，而其目的是滿足他們想要與眾人不同的習性：事實上，並非人人皆能擁有這種肌膚上的華彩。這項特權只授予那些由村社中最具名望的一群人判定在跑步或狩獵方面出類拔萃的人。儘管如此，所有人都可以把牙齒染黑、戴耳墜、在手肘上方或手腕上方戴手環，或配戴以數排彩色顆粒組綴而成的項鍊或頭冠。頭冠末端有一種羽飾，是他們用精心收集的公雞或雉雞羽毛做成的。請您在腦海中描繪，這些詭奇的裝飾出現在一個無比靈動的人體上；其膚色呈橄欖棕，光滑的頭髮隨意垂墜於肩膀，身上佩帶弓箭和標槍，全身唯一的衣物是一塊長二到三尺[53]的布，僅從腰部遮蔽到膝蓋；這樣您就彷彿有了一幅道道地地的圖像，看到福爾摩沙島南部勇士的樣貌。

在北部，由於氣候稍微沒那麼炎熱，他們會穿鹿皮蔽體：獵殺野鹿以後，把皮剝下來，製成一種無袖衣物，形態類似教士的祭披。他們會戴一種圓筒形的帽子，是以香蕉葉鞘製作，並裝點數條層疊放置、用一些很窄的布帶或繽紛多彩的小飾帶繫緊的環飾；最後他們會像南部的本地民族那樣，在帽頂裝上一個用公雞或雉雞羽毛做成的羽飾。

他們的婚姻一點也不會讓人覺得野蠻。女人不會像在中國那

---

53 六十到九十公分。

樣被人買賣，而且他們完全不看重對方的財產，這與歐洲常見的情況截然不同。男女雙方的父母也幾乎不會介入。如果年輕男子想要結婚，而且找到了中意的女孩，他會連續好幾天帶著一種樂器到女方家門口；女孩如果滿意，就會走出家門，與前來找她的男孩會面；他們會一起商量結婚相關事宜。

接下來，他們會各自通知父母。父母籌備婚宴，地點在女方家，然後男子就一直待在這邊，不再回自己父親的家。從此以後，男子視岳父家為自己家：他成為這個新家的支柱；在他眼中，他對自己父親家的認定，就跟歐洲女孩離開娘家、與夫婿同住以後看待自己原生家庭的方式一樣。所以他們完全不會以生兒子為幸福的依歸；他們最盼望的反而是生女兒，因為女兒可以把女婿帶到家裡，這樣他們老了以後就會有依靠。

雖然這些島民已經完全臣服於中國人，他們仍然保留了一些原有的治理方式。每個村社都會選出三或四名最正直、最有名望的耆老。透過這種選擇，這些耆老成為聚落中其他所有人的頭目和審判長：所有爭端最後都由他們仲裁；如果某個人拒絕遵守他們的判決，他會立刻被逐出村社，永遠沒有回歸的機會，同時也沒有任何其他村社會接納他。他們納貢給中國人的方式是繳納穀物。為了這項業務，當局在每個村社派駐一名漢人，他必須學習那裡的語言，藉此成為官員的通譯。照理說這些通譯的角色是安撫可憐的本土民族，結果他們卻貪婪可鄙，對居民進行無情壓榨：他們一個個都成為小霸王，不但令島民忍無可忍，甚至連在台官員都無法接受，只是為了避免更大的麻煩，他們不得不讓這些無恥之徒繼續做他們的工作。不過，在當初臣服於中國人的

十二個南部村社中，目前只剩下九個；三個村社已經叛變，將通譯趕走，三年以來都沒納貢給中國，而且還跟福爾摩沙島東部的村社結盟。這是一個相當不好的示範，可能會導致其他後果。我向福爾摩沙首任最高文官稍微談了這件事。他是一名中國博士[54]，最近奉派擔任福建省巡撫[55]。他給我的回答很冷淡：「如果那些蠻族要繼續野蠻下去，那就隨便他們吧；我們試圖讓他們變成人，他們不要；算他們活該，反正不管怎樣都會有麻煩。」

　　儘管漢人的一些格言指出這些本土民族的野蠻，可是我相信他們再怎麼野蠻，也比大多數著名中國哲學家更接近真正的哲理。連漢人自己都承認，本土居民之間沒有欺詐、竊盜、爭吵、訴訟，唯一會產生爭端的對象是他們的通譯。他們講求公平，相親相愛；如果有誰領了錢，除非與他一起工作、一起辛苦的人也共同享受到那份薪水，否則他碰都不敢碰。我自己經常目睹這種事。他們非常注意有權指揮他們的人所發出的任何訊號；他們說話審慎，心思正直而單純。我們可以透過下面這個小故事來做評斷。某個由台灣官員派來當我隨從的漢人不小心說了一些不太妥當的話，結果有個年紀不到三十歲、懂一點官話的島民當著所有人的面大膽指責他。pou-hao[56]，他對那位漢人說：ngomen-sin-tching[57]，pou-can-choue，pou-can-siang[58]，pou-hao，pou-hao。

54　譯注：指通過科舉的「進士」。
55　可能是指陳璸，他在一七一〇年到一七一四年擔任台灣知府，一七一五年獲任命為福建巡撫。
56　即「不好」。
57　即「我們心正」。
58　即「不敢說，不敢想」。

從廈門出發之前，有人告訴我們福爾摩沙有一些基督徒：經過一番打聽，我們可以確定漢人中沒有一個基督徒；不過在荷蘭人控制福爾摩沙港的時代，島民當中似乎有基督徒。我們找到了幾個懂荷蘭語的島民，他們會讀荷蘭人的書，會用荷蘭人的字母寫字。我們甚至在這些人手中找到一些荷文版摩西五經的斷簡殘編。他們完全不崇拜偶像；他們甚至厭惡一切與偶像有關的事物；他們完全沒有宗教實踐行動，也不誦讀祈禱經文。雖然如此，我們還是看到一些人承認有一位天主創造天地萬物，有一位天主分成聖父、聖子、聖靈三個人；這些人說，世界上第一個男人名叫亞當，第一個女人名叫夏娃；他們還說，因為人類違背了天主的旨意，他們招致天主對他們和他們子孫的憤怒，因此必須透過洗禮，消除這個汙點；他們甚至知道洗禮經文。不過我們無法明確得知他們有沒有真的施洗。為我們擔任通譯的漢人向我們肯定表示，每當他們有小孩出生，他們就會取冷水倒在嬰兒身上；可是由於這些漢人通譯不信教，而且他們不完全通曉當地語言，所以我們從來無法真正確認這點。根據我們對他們的些許認知，他們對來生的獎賞與懲罰似乎毫無概念；因此很可能不會太重視幫小孩行洗禮的事。我們竭盡可能，設法將我們神聖宗教中最必要的一些真理教給他們；尤其我們向他們當中看起來最有知識的一些人建議，應該把這些重要真理傳授給他們的同胞，特別是要在小孩一出生時就為他們行洗禮，這樣才能指望有機會在小孩擁有足夠能力時教導他們關於信仰的種種奧祕。我們把洗禮經文留給他們，這是當時我們唯一能做的事。

我們置身在如此美妙的莊稼[59]之中，知道如果能有傳道使徒用心栽培，將可獲得豐收，然而我們卻被迫將它遺留在無望得到救助的境地！就目前的情況而言，這份救助不可能來自中國：我們已經兩三次從中國試圖叩門而入，但那道門對歐洲人封閉。唯有靠上帝的神奇力量，或者像我們這樣被賦予任務，才可能順利打進這個地方。假使東半部有港口，事情會比較好辦。就我們所知，這片土地不臣服於任何外國強權；根據一些人對我們所做的描述，這些島民的性格沒有非常野蠻的成分；而且這裡距離日本也不遠。假如這些理由能讓一些傳教士立志將信仰的光明帶進去，他們應該很容易就能把他們的熱誠傳到福爾摩沙西半部各地，特別是南部地區，那一帶的聚落雖然臣服於中國人，不過有三、四個地方距離東部的聚落只有一里左右[60]。有鑑於這些民族的皈依並非人類所能成就，而是聖潔救世主的慈悲所產生的效果，且讓我們設法透過祈禱與聖行，獲致這個成果。每天我在祭壇前面禱告時，總是惦念著那裡的眾生。祈求慈悲的天主實現我的心願，讓他們皈依！

---

59 這個詞語指的是有可能皈依天主教的人群。
60 約五公里。

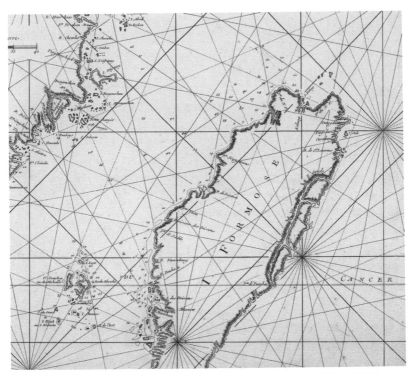

《中國東海岸地圖，含福爾摩沙島一部分》，馬內維列特（Mannevillette）繪製，十八世紀。

一個台灣歷史的版本

前一篇記敘是馮秉正神父赴台執行測繪地圖任務的自述，而馮秉正與清廷關係密切，因此，在一七一五年那封書信以後，他很自然會從帝國官方的方志文獻挖掘資料，以供闡述台灣歷史。他詳細描述了東寧國王鄭克塽（鄭成功之孫）投降的歷史，甚至在文中將鄭克塽上奏的投降書翻譯成法文。雖然這個台灣歷史的版本是由馮秉正這樣一名法國傳教士講述，但不能否認的是，它還是呈現了十八世紀北京朝廷的觀點。

福爾摩沙島雖然離中國不遠，不過根據中國人的歷史，他們在明朝宣德皇帝[61]時代、大約恩典紀元一四三〇年前後才開始知道這個地方，並得知太監王三保[62]從西方返回中國時被暴風雨吹到台灣。這位太監來到一片奇鄉異土，在他眼中那個地方美不勝收，那裡的民族卻十分野蠻，他在當地停留一段時間，蒐集了一些相關知識，藉以稟報君主。不過這番功夫所得的成果後來只剩下他從那裡帶回中國、至今仍受青睞的幾種植物和藥草。

---

61 宣德在原文中拼寫為Sivente。
62 原文拼寫為Ouan-san-pao。

嘉靖[63]皇帝四十二年、恩典紀元一五六四年，時任總兵官的都督俞大猷[64]在東中國海巡弋時，遇到海寇林道乾[65]，當時林道乾已奪取澎湖群島，並讓一部分部隊留守該地。這個人性情驕傲、野心勃勃，熱衷追求榮耀，試圖揚名於世。他一看到俞大猷，就張滿船帆朝他衝去，進行猛烈攻擊；若不是中國艦隊的指揮官那麼睿智而英勇，原本他必能擊敗他們。俞大猷非常鎮定地承受第一波砲火，隨後向林道乾發動攻勢。戰鬥持續超過五個小時，直到晚間才結束，林道乾敗逃，撤退到澎湖群島，讓部隊休養生息，然後動員原本留在那裡的士兵，重新航向敵人。不過身為一名精明老練的將領，俞大猷緊跟在林道乾後面追趕，破曉時分，林已被趕回澎湖港附近，這時港灣入口已被一部分的敵軍艦隊封住。林的部隊在戰鬥中遭受嚴重傷亡，其他人則驚恐萬分，因此他判定嘗試攻入港口太冒險。於是他決定繼續向前航行，到福爾摩沙停泊。俞大猷持續追剿，但他發現時值低潮，而他對該處港口的地理環境一無所知，不想貿然讓船艦陷入危險，於是撤回澎湖，並取得那裡的掌控權。他囚禁在那裡找到的士兵，建立良好的駐防基地，然後凱旋而歸，返回中國，向朝廷稟報他的遠征和發現。朝廷接到這個消息，欣喜萬分，旋即任命一名文官治理澎湖群島。

　　中國史家說，那時福爾摩沙是不毛之地，只有蠻族居住。殘暴的林道乾認為這個島嶼以當時的狀況而言並不適合他；因此他

63　原文拼寫為Kia-Tsing。
64　原文拼寫為Yu-ta-yeou。
65　原文拼寫為Lin-tao-kien。

讓人把手邊找得到的島民統統殺死，以禽獸不如、史無前例的方式，用那些倒楣人的凝固鮮血嵌填船縫；他即刻啟航，退隱在廣東省，最後在那裡潦倒而死。

一六二〇年末，即天啟[66]皇帝元年，一支日本艦隊登陸台灣。指揮官發現這個島嶼雖然蠻荒，但相當適合建立殖民地。他決心霸占福爾摩沙，並為此將一部分兵員留在當地，命令他們蒐集所有執行占領計畫所需的資訊。大約與此同時，一艘正在前往日本或從日本返航的荷蘭船艦被暴風雨吹到福爾摩沙；他們發現當地的日本人不至於對他們不利。中國史家指出，這個島嶼在荷蘭人眼中相當美麗，對他們的貿易也非常有利。他們想出藉口，說他們需要休養生息，以及找材料修補在暴風雨中受創的船艦。其中幾個人深入內陸，詳細勘查這片土地，然後返回船上。在這些夥伴離開那段時間，荷蘭人完全沒碰他們的船；一直等到這些人返回，他們才動手修船。為免損及貿易，荷蘭人不想把他們跟日本人的關係搞壞。他們請求日本人讓他們在海岸建一棟房子，地點在港灣的一處入口，他們希望這樣對他們與日本的貿易會有助益。起初日本人拒絕他們的提議，但荷蘭人鍥而不捨，堅決保證他們打算占用的土地小得用一張牛皮就可以包住，後來日本人終於同意了。於是荷蘭人拿了一張牛皮，切成極為細小的長條，然後把它們串接起來，用來測定他們想要的土地。一開始日本人對這個詭計不太高興，不過最後，經過一番思考，他們開始覺得這件事有趣；他們的立場軟化了，允許荷蘭人用他們認為適當的

66　原文拼寫為Tien-ki。

方式使用這塊土地。荷蘭人便在這塊地上興建了我在前面提過的城堡，而且我把城堡平面圖也寄給您看。現在我們還可以在城門上看到這幾個字：Castel-Zelanda, 1634（熱蘭遮城，一六三四年）。

堡壘建成以後，荷蘭人掌控港口和可供大船進出的唯一航道。日本人可能太遲才明白這個地方的重要性。無論如何，也許因為這座新的堡壘令他們不安，或者因為他們在這個尚未開發的海島上沒能得到預期的好處，不久後他們就完全放棄福爾摩沙，撤回自己的國家。荷蘭人因而變成福爾摩沙的唯一支配者，因為島上的居民沒有能力與他們對抗。為了加強港口控制權，他們又在與熱蘭遮堡遙遙相望的對岸建造了一棟擁有四座棱堡的砲樓，先前我也已經提過這棟建築物[67]。

這段時期中國到處兵荒馬亂，一方面發生內戰，帝國眾多美麗行省滿目瘡痍，另一方面中國支持對韃靼抗戰，而最終韃靼勝利，奪取中國，建立康熙[68]皇帝統治的光輝盛世。對抗韃靼最英勇的人士之一是來自福建省一名白手起家，名叫鄭芝龍[69]的人。他從做小生意發跡，成為中國最富有的商人：倘若他像忠於他的親王和他那即將落入異族宰制的帝國那般，也忠於他在受洗時對天主所作的許諾（他確是一名基督徒），他本應有福報！

鄭芝龍用自己的財力組成一支小型武裝艦隊，對抗韃靼異

---

67 即漢人稱為「赤崁樓」的普羅民遮堡。
68 原文拼寫為Cam-hi。
69 原文拼寫為Tching-tchi-long。

族；不久後，無以數計的中國船艦追隨他，使他迅速成為重要統帥，指揮這個海域中史上最龐大的艦隊之一。韃靼君王以厚利誘降，只要鄭芝龍承認他，就封爵為王。鄭氏拒絕；不過他的好運不久也就耗盡了。他的兒子鄭成功[70]接替他指揮這支龐大艦隊以後，展現比父親更狂熱的企圖心，積極捍衛祖國、追尋財富，展開各種行動：他圍攻多個重要城市，例如福建海澄[71]，在那裡把前去支援的清軍打得落花流水；還有浙江[72]的溫州[73]、江南[74]的南京[75]等等。這些初期的勝利沒能維持太久，最後他被韃靼擊敗，並徹底逐出中國。於是他將目光及野心轉往福爾摩沙，立志驅逐荷蘭人，在那裡建立新的王國。

康熙皇帝的父親順治[76]皇帝在位第十七年，即基督紀元一六六一年，鄭成功放棄他在中國的事業，帶領壯大的艦隊退守台灣，途中暫留澎湖養精蓄銳。由於中國依然戰亂頻仍，荷蘭人想必認為那邊不會構成威脅，沒有在澎湖和台灣布署兵力。因此鄭成功一到澎湖，就輕易拿下這個群島。他把一百艘船留在澎湖作為儲備，然後繼續航向福爾摩沙。

有一名官員當時是鄭成功手下的副將[77]（類似旅長），他告訴我，那時只有十一個荷蘭人負責防衛福爾摩沙的堡壘和港口。

70　原文拼寫為Tching-tching-cong，西方文獻亦常以Koxinga（國姓爺）稱之。
71　原文拼寫為Hai-Tching。
72　原文拼寫為Tche-kiang。
73　原文拼寫為Ouen-Tcheou。
74　原文拼寫為Kiam-nan。
75　原文拼寫為Nankin。
76　原文拼寫為Xunchi。
77　原文拼寫為fou-tsiang。

其他駐軍一部分是印度的黑人，一部分是島上的居民。儘管雙方兵力懸殊，荷蘭人決心全力防守，而且確實非常英勇地對抗鄭軍。

鄭成功率領由九百艘帆船組成的艦隊，從熱蘭遮城以北一里[78]的鹿耳門海道開進港口。他讓一部分軍隊上岸，藉此分陸海兩路攻擊堡壘。圍城持續整整四個月，期間荷蘭人用大砲防衛，獲得原本不敢料想的良好成果。眼看一小撮歐洲人對人數眾多的鄭軍展現驚人勇氣與對抗精神，鄭成功感到相當絕望。

中國人沒有火砲可用，無法回應荷蘭人的砲擊；因此他們只能指望靠飢荒耗損他們，而這需要很多時間。在這段時間中，荷蘭人可以透過他們在巴達維亞的船艦或前往日本貿易的船隻，獲得所需補給。鄭成功很清楚他的任務極為艱難；但他認為自己已經脫離韃靼統治的中國，而且他又剛與韃靼人打過仗，在這種情況下，他永遠沒有回去的希望；此外他也知道，如果無法攻入福爾摩沙，他不會再有其他的辦法。因此，他下定決心要跟荷蘭人作最後的決戰。這時荷蘭人在港內有四艘船艦，他們在每艘船上安排一名自己人以及若干印度士兵駐守，其他七名荷蘭人則閉居在熱蘭遮城內。中國艦隊長決定犧牲幾艘船，他在船上燃起大量煙火，利用強勁吹拂的東北風，讓船迫近荷蘭艦艇。他獲得超過預期的成功；四艘荷蘭船艦有三艘焚毀。他立刻派員責令關在堡壘內的荷蘭人投降，並對他們宣布他允許他們帶著所有財物撤離；但如果他們堅持防衛，鄭軍絕不饒命。荷蘭人如今只剩一艘

78　約五公里。

船的資源,不得不接受鄭成功的提議:他們把所有財物裝上船,
將要塞交到中國人手中,然後撤出熱蘭遮。

至此不再有人對抗鄭成功的企圖,於是他將一部分軍隊分派
到福爾摩沙島上現在已由漢人持有的地區。他在從前西班牙人興
建的堡壘——基隆寨[79]成立駐軍。他在淡水鎮[80]修築了另一座堡
壘,這個城鎮瀕臨可供中國船艦停泊的淡水河口。他畫定目前稱
為諸羅縣和鳳山縣的區域,在那裡建設了兩個城市,分別命名為
天興縣[81]和萬年縣[82]。他在現稱台灣府的地方設立統轄這些新行政
區域的首都,取名承天府[83]。他把王宮和朝廷設在熱蘭遮城,取
名安平鎮[84],目前這個市鎮仍然沿用這個名字。

這時福爾摩沙開始有了新的樣貌。鄭成功在這裡制定與中國
相同的法律、習俗及治理方式;不過他只享有這片新征服的土地
很短一段時間。攻取福爾摩沙島一年又數月之後,他就與世長
辭,由兒子鄭經[85]承襲王位。由於鄭經自小沉浸於詩書,對於經
營父親千辛萬苦打下的一片江山,他幾乎沒有貢獻,為他效力的
部隊因而士氣銳減。

康熙統治第十二年、基督紀元一六七三年,廣東與福建藩王
起兵反清。鄭經想要重振軍威,決定與福建王聯手對抗韃靼。他

79　原文拼寫為Ki-long-chai。
80　原文拼寫為Tan-choui-tching。
81　原文拼寫為Tien-hien-hien。
82　原文拼寫為Ouan-nien-hien。
83　原文拼寫為Xing-tien-fou。
84　原文拼寫為Ngan-ping-tching。
85　原文拼寫為Tching-king-mai。

為船艦進行武裝，前往福建沿海與藩王會合。不過由於鄭經希望獲得君王待遇，而福建藩王卻宣稱自己地位高於他，導致鄭經大怒，當下就向福建王開戰。雙方英勇激戰，不過鄭經的部隊都是身經百戰的老兵，因此每戰必勝。最後福建藩王只得降清，二度遵制削髮，聽任韃靼朝廷安排。鄭經返回福爾摩沙，不久後去世，由兒子鄭克塽[86]繼承，因新王年幼，由兩名與其親近的官員劉國軒[87]與馮錫範[88]輔佐國政。

　　福建叛亂最後由韃靼取得優勢，韃靼人隨即廢除藩王頭銜，並在康熙二十一年（一六八二年）設江浙總督[89]一職，統理福建省及浙江省（這個爵位高於巡撫）。他們派任的第一位總督是姚總督[90]：這個人八面玲瓏、文質彬彬，充滿迷人魅力。他一上任，就對所有降清者發布全面特赦，範圍遠及福爾摩沙，並承諾給予他們在原有王爵領導下擁有的職務、地位與特權。這項宣言完全達到姚總督預期的效果：原先追隨鄭成功的人大部分都拋棄了自己的家鄉與妻兒；他們遠在人煙稀少的蠻荒異地，無法指望迅速獲得顯著利益，因此非常高興看到一扇體面的回鄉之門打開。好幾個人毫不猶豫，率先離開鄭克塽，前往福建。姚總督以尊榮禮遇相待，並讓他們享有極大特權，促使其他一些人不久後也陸續跟進。這時姚總督認為攻取福爾摩沙的時機已經成熟。

86　原文拼寫為Tching-ke-san。

87　原文拼寫為Lieou-koue-can。

88　原文拼寫為Fong-si-fan。

89　原文拼寫為tsong-tou。

90　即姚啟聖。

他迅速派出一支龐大艦隊，由一名水師提督[91]（海軍將領）指揮，負責攻占澎湖。水師提督在那裡遭遇的抵抗超過他的料想：當地士兵在荷蘭大砲加持下奮力抗戰；不過最後他們還是不得不屈服於人多勢眾的強大清軍。澎湖被攻占之後，年幼福爾摩沙君王的幕僚團判斷，以當時的部隊士氣看來，想要保有福爾摩沙非常困難，因此不等提督正式進攻，他們就派遣一艘船，以君王名義上奏大清皇帝，表示願臣服於皇威之下。該奏書由漢文詳實翻譯如下[92]：

〈招討大將軍延平王鄭克塽上奏皇帝〉

「伏首在皇上身前，我瞻仰中國之偉大；亙古至今，它以卓越之姿維持道統；綜觀歷代無數帝王次第輪替，不禁感懷一切皆為天意，上天選定尊府，藉以治理九土（「九土」即人類可以居住的世界；中國人把土地分為九種：一、土質良好的山岳；二、岩石山；三、泥土地和丘陵；四、乾燥的黑土地；五、潮溼地；六、砂土地；七、豐澤的土地；八、黃土地；九、紅土地）。上天締造這種變化，都是為了成就五德（「五德」就是仁慈〔仁〕、公義〔義〕、禮教或禮樂〔禮〕、睿智〔智〕、誠信〔信〕），而這些都展現在皇上所有事業締造的秩序與成就中。當我謙卑想起我的祖先，我看到他們對他們的君王真的忠心耿

---

91 原文拼寫為titou-che。

92 譯注：以文言文書寫的奏書（附於本章末尾）由馮秉正神父詮釋翻譯為較淺顯的法文，並於數處加入注解（置於括號內），文中本處為該法譯版之現代中文譯本。法譯版的解讀與原文意涵或有些許出入，而由於古文無標點，法譯版採用的斷句方式與本書所附文言文漢文版不同，在詮釋上也產生了若干差異。

耿；因此他們感念自前朝所獲的恩惠，而在那個時代，我的家族尚無緣領受今日昌盛皇朝的德澤。對君王的忠心促使我的祖父鄭成功離開中國，渡海拓墾東方不毛之地。我的父親鄭經是一名讀書人，不敢置身深淵邊緣：正如夜郎[93]（與四川省接壤的古國；該王國境內諸族皆為難以開化的蠻族）的國王，他致力治理與教化人民，偏安於海中一隅，無以展望其他視野。

　　至此我一直享有祖先的恩澤；身為子孫，我時時對他們表示感激之情，不斷提醒自己他們從上天領受的恩德，從不求己身在世間擴展。如今我看見皇上宛如上天，崇高浩大護覆眾生，又如大地，堅若磐石乘載萬物，永遠廣施仁愛、確立義理，以此為基治理中國；如今我看見皇上宛如旭日，甫從天際乍現，轉瞬即已驅散懸浮於地表的氤氳霧靄；除了力求自身完善，我怎敢作其他妄想？身為異域之人，我視此為人生圓滿的唯一方式。倘若我起意令船艦西渡（前往中國），我承認這形同鑄下大錯；但是啊！這前來東方（福爾摩沙）的氣血，又將剩下什麼？不就如霜露，清晨即墜、日出即消？因此，我怎敢對皇上有所違逆？我心已全然臣服於您；謹以此奏書向皇上表達這份心意，請皇上拭目以待。今天，我知道我曾誤入歧途，只盼未來敢於追隨麒麟[94]（麒麟是中國古代一種神祕而奇幻的動物，由牛所生；這種動物無比慈悲，甚至不敢腳踩一株小草。只有在神聖的皇帝統治帝國時，麒麟才會出現），在仁愛的花園中悠然漫步。我熱切盼望看

93　原文拼寫為Sse-tchuen。
94　原文拼寫為Ki-ling。

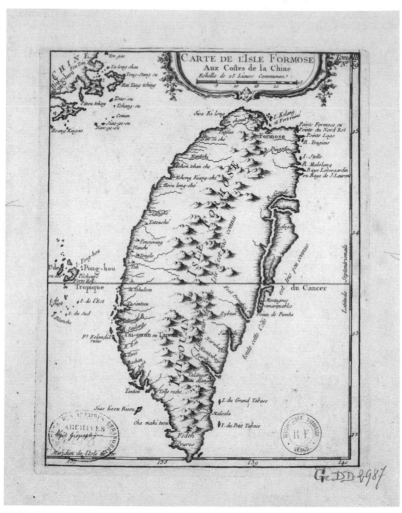

福爾摩沙島到中國海岸的地圖，一七六四年。

一七六四年繪製的福爾摩沙島細部（本圖為左頁圖的局部放大並順時鐘旋轉），其上標示「台灣，或稱福爾摩沙島」；關於島嶼中央地帶，則有這個說明：「此島內陸情況不得而知」。

到天地萬物合為一體。島上黎庶不求美酒銷魂、肉菜滿腹。若能寬柔相待，將更願臣服。魚兒的本性是游入深淵；水澤再深，牠們也能恣意悠游，浪濤洶湧，牠們依然生生不息。謹此發誓，我藉本奏書向皇上所言句句屬實，若非出自肺腑，願陽光永不照亮我。」

皇帝對這份奏書的回答是：鄭克塽必須離開福爾摩沙，遷居北京。

鄭克塽害怕前往北京，於是透過第二份奏書，上呈國璽及主要官員的官印，並向皇帝表示，他生於南方，而且體質虛弱，對北方的寒冷感到害怕；因此他懇請皇上允許他退隱在祖先原居地福建省。這份奏書毫無效果：可憐的親王歷經諸臣叛離，此時又被迫將福爾摩沙拱手讓給韃靼，上遷北京；他在康熙二十二年、基督紀元一六八三年抵達朝廷，旋即獲封為公爵，如今還生活在北京。

如您滿意我捎來的這份關於福爾摩沙島的描述,我將備感榮幸,在此至少可以向您保證,這些描述確有其實。

以下提供鄭克塽呈給康熙皇帝的奏書原文供參,並以此顯示馮秉正神父對官方通信的掌握有多到位:

招討大將軍延平王鄭克塽謹奏

伏以論域中有常尊,歷代紹百王為得統。觀天意有攸屬,興朝宅九土以受符。誠五德之推移,為萬彙所瞻仰者也。伏念先世自矢愚忠,追懷前代之恩,未沾盛朝之澤。是以臣祖成功,篳路以闢東土,臣父經,韎韋而雜文身。寧敢負固重險,自擬夜郎;抑亦保全遺黎,孤栖海角而已。迨至先人弛擔,稚子承祧,常思畏天之恩,莫求縮地之術。茲蓋伏遇皇帝陛下高覆厚載、仁育義懷。底定中邦,如旭日升而普照;掃擴六宇,雖浮雲翳而乍消。苟修文德,以來遠人;寧事勝心,而焚海內。乃者舳艫西下,自揣履蹈之獲愆;念此氣血東來,無非霜露之所墜。顏行何敢再逆革心以表後誠。昔也咸未見德,無怪鳥骸於虞機;今者誤已知迷,敢後麟遊於仁圃。伏願視天地萬物為一體,合象胥寄棘為大同。遠柔而邇能,形民固無心於醉飽,貳討而服舍,依魚自適性於淵泓。夫且問黃耇之海波,豈特誓丹誠以皦日為已哉。

一七八二年大災難的
相關消息

　　一七八二年，台灣南部發生重大災難，由於災情極其慘重，連當時的法國報章都加以報導（由於福爾摩沙島還鮮有人知，此前幾乎不曾出現相關新聞）。不同的法國評論者之間甚至開始爭論那場災難的真實性與成因：究竟是地震、特別猛烈的颱風，還是海嘯？就目前所知，海嘯或特別猛烈的颱風這兩個假設似乎比較接近事實，可為一七八二年那場巨災提供解釋，儘管理論上台灣西南部不容易遭受海嘯侵襲。

　　一七八三年八月十二日星期二的《法蘭西公報》（*Gazette de France*）[95]對此作了以下報導，還附帶提及這場災難與乾隆皇帝人氣下滑之間的關聯。根據這段記述文字，乾隆帝意識到人民的不滿，並嚴懲他認為應該負責的官員。

　　去年五月二十二日，福建[96]沿岸海水上漲到驚人高度，八小時內幾乎完全淹沒三十里[97]外的福爾摩沙島。水退以後，多數聚

95　譯注：《法蘭西公報》（*Gazette de France*）是法國出版的第一份周刊，原名《公報》（*La Gazette*），一六三一年創刊，一七六二年更名為《法蘭西公報》，一七九二年成為日報，發行至一九一五年停刊。

96　原文拼寫為Fo-kien。

97　約一百五十公里。

N.° 64.

GAZETTE DE FRANCE,
Du Mardi 12 Août 1783.

一七八三年八月十二日的《法蘭西公報》。

Une lettre de la Chine fait mention d'un évè-
nement arrivé l'année dernière, & peut-être plus
terrible encore que ceux qu'ont éprouvés la Sicile
& la Calabre dans le commencement de celle-ci
féconde en défaîtres. En attendant une relation plus
détaillée, voici ce que l'on en raconte : Le 22 Mai
de l'année dernière, la mer s'éleva sur les côtes de
Fo-Kien à une hauteur prodigieuse, & couvrit
presqu'entièrement pendant huit heures l'île de
Formose qui en est à 30 lieues. Les eaux, en se
retirant, n'ont laissé à la place de la plupart des
habitations que des amas de décombres sous les-
quels une partie de la population immense de
cette Isle est restée ensevelie. L'Empereur de la
Chine, voulant juger par lui-même des effets de
ce défaître, est sorti de sa capitale ; en parcourant
ses provinces, les cris de son Peuple excités par
les vexations de quelques Mandarins, ont frappé
ses oreilles ; & on dit qu'il en a fait justice en
faisant couper plus de 300 têtes.

一七八三年八月十二日的《法蘭西公報》內容摘錄。

落已化為成堆瓦礫，島上眾多居民中一大部分遭到掩埋。中國皇帝為了親自了解這場災難造成的後果，從首都出發視察；走訪各省期間，他耳聞人民在若干官員欺壓下發出的聲聲怒吼；據說他為此主持正義，讓三百名官員人頭落地。

一名生活在北京的天主教傳教士（姓名不詳）透過一七八二年十月二十日的信函，向路易十五的大臣昂利·貝爾坦（Henri Bertin）彙報他得知的情況，信中轉述了大清皇家當局發布的官方報告。當時大清政府非常關切謠言四起、假消息傳播的情形，也亟於展現皇帝對台灣居民的掛念。

海水幾乎使中國失去它最美的海上疆土之一。台灣島——歐洲人稱為福爾摩沙島——險些被高漲的潮水吞沒。根據本地報導的記載，貫穿台灣島的山脈一部分坍塌消失，其他部分宛如天翻地覆，相當比例的居民不幸遇難。連續數天期間，京城中盛傳這些消息。為了平息相關謠言，政府廣布台灣所屬轄區官員向皇帝稟報的確實狀況，讓民眾知道在帝國境內這一小片領土上發生的事。我所能做的最好的就是轉述他們的報告。

中國官員呈給皇帝的奏報內容如下：

「福建省與浙江省大總督陳氏[98]、福建巡撫及其他官員謹向皇上奏報甫於台灣發生的災難。

98　即閩浙總督陳輝祖，原文僅寫出其姓氏，拼為Tchène；福建和浙江在原文中分別拼寫為Fou-kiene及Tché-kian-ya。

穆和蘭[99]及台灣島其他主要官員來函告知，陰曆四月二十二日（一七八二年五月二十二日），極端猛烈的巨風伴隨暴雨和前所未見的海潮襲台，令他們從yu時到ouei時（中國的時辰是我們的兩倍：yu時從清晨三點到早晨五點，ouei時從下午三點到五點）[100]，不斷擔心遭海水吞噬，或被埋入大地深處。這場可怕的暴風雨同時在四方爆發，並在那整段時間內維持相同威力。法庭、公共糧倉、軍營、鹽倉所在建築以及鹽場統統坍塌，完全損毀；商人、工匠的店鋪以及百姓的房舍多數傾倒，剩下瓦礫成堆，滿目瘡痍。

港內原本停泊了十七艘戰船，其中兩艘消失不見，兩艘斷成碎塊，還有十艘嚴重毀損，完全不堪使用；其他規模較小的各式船隻本有一百餘艘，結果也遭遇相同命運。大約八十艘被吞沒；五艘才剛裝滿稻米準備運往福建的船沉入海中，高達十萬斗[101]的貨物化為烏有。至於其他大大小小還沒進港的船艦，有十或十二艘噸位最大的船被淹沒；比較小的船隻以及為數可觀的舢舨和其他各種舟楫徹底消失，連碎片都沒留下。

由於全島淹水，糧食不是被沖走，就是損毀得無法食用，若直接取食會危害健康；農作物也全數泡湯。這只是倉促寫成的報告；等我們得到更詳細的消息，我們一定會盡快通知。

---

99 原文拼寫為Mou-ha-lane。

100 原文此段說明可能有誤；寅（yin）時是指清晨三點到五點，未（wei）時是指下午一點到三點。

101 譯注：清代度量衡中的斗大約相當於十公升，法國舊制中的斗（boisseau）則約為十三公升，在此似難確知原作者是採用法國的boisseau，還是用這個法文字指中國的斗。

收到穆和蘭及其他主要駐台官員這封信以後，我竭盡所能為這個受災島嶼提供所有我能動用的救援力量，我命令台灣巡道和總司庫以最詳盡的方式調查沉沒船艦和毀損房屋的數目，以及流失被毀的鹽和其他糧食。我也囑咐他們儘早重建法院、糧倉和其他公共建築，派員尋找消失的船隻，修補尚堪用的船艦，迅速前往最近地區調用鹽和其他必要民生補給；尤其重要的是確實調查人民遭受的各種損失以及喪生民眾的精確數目，以便我能親自稟報皇上（……）」

　　中國皇帝親自發布了這些細節，並附上以下這封寫給總督的信：

　　「閩浙總督陳輝祖[102]及其他官員向我稟報了福建省下轄行政區台灣島發生的悲慘事故。他們在奏報中說，四月二十二日……（皇帝在此重複了前述信函的內容，然後繼續行文如下）。我命令總督詳實調查台島居民此次遭受的各種損失，並以最詳細的方式向我報告，以便我能提供他們修補損失所需的所有救援。我打算動用自己的經費，請人重建倒塌的房屋以及修復受損房屋，分配糧食和所有亟需物品。我要求這項任務確實執行，務須惠及所有面臨這種困境的民眾，無一例外；若有任何一人受忽略，我將感到不悅；因此我特別叮囑，務必認真行事、確實調查。我希望我的子民對我關愛所有人的心意不會有一絲懷疑，希望他們知道，那些離我最遠的人，與那些在我眼前、我能親見他們的需求的人，我都同樣珍惜。至於我損失的戰艦，以及法院、糧倉和其

---

102 原文拼寫為Tchen-hoei-tsou。

他公共建築，務求按原樣重建，並依據妥善制訂的方法，向國庫申請這些支出所需的費用。相關人員事先估算支出金額，事後向我呈報結果即可。」

治理台灣

　　一六八三年大清帝國攻取東寧王國、在台灣建立行政機構以後，這個距離北京非常遙遠的海島經常騷亂不斷，令帝國政權相當頭痛。

　　法國駐廣州領事菲利浦・維耶亞爾（Philippe Vieillard）在一七八四年寫了一部《福爾摩沙島報告》（*Mémoire sur l'île Formose*），他在書中這樣描述大清帝國行政當局治理台灣的方法，並指出這些方法的特殊性：

　　韃靼征服中國以後，立法權落入韃靼人手中，福爾摩沙島上的漢人表面上歸順，不過維持了許多自己的傳統，不像其他地區在韃靼統治下被迫放棄原有習俗。鄰近省分的不滿分子，以及因為賭博或沉溺於不法娛樂而傾家蕩產的人們會設法潛逃到福爾摩沙。想要得到土著認同的不良臣民會接受土著的風俗習慣，並以掠奪、搶劫、打獵維生，或與島上務農或經商的人民做買賣。中國雖然在澎湖[103]和全島首府台灣府[104]有龐大的駐軍，但他們不會

---

103 原文拼寫為Pong-hou。
104 原文拼寫為Tayouanne-fou。

像在大陸各省那樣把權力當成暴政的工具，因為他們害怕發生頻率相當高的民變，特別是擔心島民如果被逼到極限，會以暴力對抗武力，對帝國造成難以收拾的後果。

一七八二年六月間，發生了一場民變[105]，五個村莊豎紅旗造反，導致五名官員及兩千名中國人喪生。對於這起反抗大清權力的暴力事件，皇帝選擇視而不見，藉此平撫叛亂分子；否則在帝國任何其他地區，這種叛變都會導致當局發動無差別大屠殺。

幾年後，生活在法國的德國東方學者尤利烏斯・克拉普羅特（Julius Klaproth，漢名柯恆儒）在一八一九年五月的北京朝廷公報中注意到福建巡撫上奏皇帝的報告，其中簡單描述一個人必須具備哪些必要特質，才能擔任台灣知府，治理這個深具戰略地位的島嶼。克拉普羅特將這份奏報翻譯成法文，不過文中的表述者當然是福建巡撫。

我很難提議合適人選接替剛過世的福爾摩沙知府。這確實是一個背負重責大任的職務，因為這個島嶼生產很多製造火藥的重要成分——硫磺，而且居住在島上的野蠻人不容易駕馭。因此，派遣到那裡的人選必須學養豐富、性格果決，懂得根據情況，展現或剛或柔的治理手段。

---

105 可能是指一七八二年在彰化一帶爆發的謝笑案漳泉械鬥。

大航海家來了
——拉佩魯茲（一七八七年）

　　拉佩魯茲伯爵尚－法蘭索瓦・德加洛（Jean François de Galaup，comte de Lapérouse，1741-1788）是一位大名鼎鼎的航海家，十八世紀法國航海界的偶像人物。他參與過美國獨立戰爭，後來展開環球科學探險遠征，一七八八年六月在南太平洋航行時遭遇船難，下落不明。在此之前一年，他曾在台灣附近海域巡弋。

　　以下這段文字取材自船上幾名作家的日誌，這些日誌在海難發生前已被送回法國，並於一七九七年出版。他看到的台灣並不多——實際上他沒有在台灣停留，而他遇到的主要障礙很簡單，就是語言。不過，一七八七年他航行在福爾摩沙海岸期間，島上正在發生林爽文事件的其中一個片段。林爽文事件前後持續多月，交戰雙方是清軍以及在明朝覆亡一個半世紀之後仍支持明帝國的福爾摩沙叛軍，當時叛軍曾控制島上一大部分領土。事件期間，祖籍泉州及祖籍漳州（叛軍首領林爽文為漳州裔）的漢人之間也發生械鬥；漢人從這兩個福建城市移民到台灣以後，其後代在數代間形成兩個敵對團體，雙方經常發生衝突。叛軍最後在一七八八年被乾隆皇帝的軍隊擊敗。

拉佩魯茲肖像。安托萬‧莫林（Antoine
Maurin）所繪版畫，現存於新南威爾士
州立圖書館。（圖片來源：Wikimedia
Commons）

一七八七年四月

　　我們的航向把我們引導到福爾摩沙島海岸靠近熱蘭遮古堡的
海灣入口，這個島嶼的首府台灣城就位於這個地方。已經有人通
知我，這個中國殖民地發生民變，我也知道中國方面派出兩萬人
的軍隊征討，由廣東總督[106]負責統率。東北季風還吹得猛，讓我
可以犧牲幾天時間，好好了解這起事件的最新發展，於是我讓
船停泊在港灣西方水深十七噚[107]處，而我們的小艇也已在距離岸
邊一里半的地方找到十四噚[108]的水深；總之我知道我們不能太靠

---

106 原文拼寫為santoq。
107 約三十公尺。
108 二十五公尺。

近福爾摩沙島，台灣港的水深只有七尺[109]，因此荷蘭占領台灣期間，他們的船艦必須停靠在漁翁群島，那裡有很好的港口，當年荷蘭人也在那裡建了城堡。無論如何，這時的情勢使我難以決定是否該派小艇登陸，因為我無法用我的船艦支援它，而在這個中國殖民地所處的戰爭狀態中，我們的小艇很可能令對方起疑。我能假定的最幸運狀況是小艇不許靠岸，直接被遣回；而萬一小艇遭到查扣，我的處境就會變得很難堪；就算到時燒了兩、三艘舢舨[110]，也無法彌補這種不幸。

　　於是我決定設法把距離較近的中國船隻吸引過來；我把銀圓亮出來給他們看，因為我覺得這玩意對這個民族好像有強大的磁吸力；不過這些居民似乎被禁止跟外國人打交道。顯然我們還不至於讓他們感到害怕，因為他們的船隻會在我們的武器射程範圍內通過；但他們不肯靠近。只有一個人有膽量把船開過來；我們用他想要的價格向他買魚，希望這樣可以讓我們擁有好名聲，只要他敢對其他人承認他曾跟我們打交道。我們問了這些漁民一些問題，可是他們肯定聽不懂，我們也無法猜測他們回了我們什麼。這些民族的語言跟歐洲人的語言完全不相通，而且這還不打緊，就連用我們以為舉世皆然的肢體語言，雙方也無法互相了解，我們認為代表「是」的頭部動作，對他們而言可能代表完全相反的意思。這個小小的試驗讓我可以合理推斷，如果派小艇上岸，就算在運氣最好的情況中，居民的回應方式恐怕也不過如

---

109 約兩公尺。
110 原文拼寫為champan。

此；於是我更堅決相信，我的好奇心不可能得到滿足。我決定隔天就趁陸風吹拂的時候啟航離開。

　　海岸上燃起各式各樣的火光，我覺得看起來像信號，心想我們大概引起警戒了；不過幾乎可以確定的是，清軍和叛軍並不在台灣府城附近，因為我們在這一帶只看到為數不多的漁船，而在發生戰事的情況中，漁船應該會開到別的地方才對。這本來只是我們的臆測，但很快就證明是事實。第二天，在陸風和海風吹拂下，我們往北推進十里[111]，然後在北緯二十三度二十五分位置的一條大河出海口[112]看到清軍。河口的沙洲向海中伸展達四或五里。我們在河口附近深三十七噚[113]、海底為泥質的地方下錨停泊。我們無法計算出船艦的數量；有幾艘船揚帆航行，有些停泊在海岸，河面上也看得到數量龐大的船隻。豎立好幾面旗幟的旗艦距離海岸最遠；它在我們船隊以東一里[114]的地方依傍著沙洲停泊。天色一黑，旗艦所有桅杆上就燃起燈火，為多艘還在上風處的船隻顯示集合點的位置；那些船隻必須通過我們的船艦附近，才能與指揮官會合，不過他們都很小心，與我們至少保持最大火砲射程的距離，想必他們不清楚到底我們是友還是敵。

　　皎潔的月光讓我們直到午夜都能觀察這些動靜，而我們從不曾如此這般熱切盼望天公作美，讓我們一窺後續情況。我們測定漁翁群島的南部島嶼位於西微北方向：從福建省出發的中國軍隊

---

111 約五十公里。
112 大約是嘉義縣的布袋或東石附近。
113 約六十五公尺。
114 五公里。

很可能集結在漁翁群島最主要的島嶼——擁有優良港口的澎湖島，然後從這個集合點出發，展開軍事行動。不過我們的好奇心無法得到滿足，因為天候變得極為惡劣，迫使我們在黎明前啟航，以便保護我們的船錨，因為要是晚一個小時才開始起錨，恐怕會拉不起來。天色在清晨四點變得黑暗，海面吹起凜冽的大風；天際晦暗模糊，我們無法再清楚分辨陸地。雖然如此，我還是在破曉時分看到清軍的旗艦順風航向河口，而在一片迷濛霧氣中，我還瞥見另外幾艘舢舨船。

拉佩魯茲掉頭往南，繞過福爾摩沙島，航向太平洋。途中，在漁翁群島外海，他寫下這句話：「我這輩子不曾見過這麼洶湧的大海。」然後他在蘭嶼（當時西方人稱作「波托爾塔巴戈島」〔Botol Tabaco-xima〕）[115]和菲律賓巴丹群島之間通過巴士海峽，並逐漸往蘭嶼靠近。

海風讓我們可以把船開到距離這個島嶼三分之二里[116]的地方，這時我清楚看到南岸的三個村落；一艘獨木舟似乎朝我們划來。我實在很想參觀那些村莊，那裡的居民很可能類似丹皮爾描述中那些極為善良而好客的巴士群島[117]民族。（……）

---

115 譯注：Botol可能源自台灣原住民對蘭嶼的稱呼，如阿美族的Futud、撒奇萊雅族的Butud、卑南族的Butrulr；Tabaco-xima這一名稱則出自十七世紀初期的日本地圖（xima即「島」），後為歐洲人沿用。

116 約三公里。

117 譯注：即台灣與呂宋島之間的巴士海峽諸島，其中主要為巴丹群島。著名英國探險家威廉‧丹皮爾（William Dampier）於一六八〇年代造訪過這些島嶼。

這個還不曾有任何旅行者登陸的島嶼周長可能有四里[118]；隔著一條寬半里的水道，還有一個小島（或者說很大的岩石），上面可以看到一些綠地和幾片矮樹叢，不過那裡無人居住，也不適合人居。

　　大島則似乎擁有眾多居民，因為光是在一里[119]的範圍內，我們就數得出三個頗具規模的村莊。島上林木茂密，從海邊算起三分之一海拔高度開始一直到山頂都是樹林，而山頂一帶的樹木看起來似乎最高大。森林與海濱沙地之間的土地仍然保有相當陡的坡度；這片空間呈現絕美的綠色，在多處地方有農耕，不過其間刻畫著一些溝壑，溪流從山上沿著谷底奔流而下。我認為天氣晴朗的時候，從十五里[120]外就能看到波托爾塔巴戈島；不過這個島嶼經常雲霧繚繞。

---

118 二十公里。
119 五公里。
120 七十五公里。

福爾摩沙的船，版畫，出自《拉佩魯茲旅行地圖集》（*Atlas du voyage de La Pérouse*），一七九七年出版。

第四章

台灣的原住民

杰韓副領事與北部的部落
（一八六六年）

　　杰韓先生（M. Guérin），一八六四到一八六六年擔任法國駐淡水副領事——關於這位考察十九世紀中期台灣北部原住民生活的珍貴見證者，後人大概就只知道這件事。至於與杰韓並列為以下文本共同作者的貝爾納先生（M. Bernard），我們知道得更少。

　　當年擔任淡水副領事的人不一定是職業外交官。在那個時代，福爾摩沙的法國人少之又少，而所謂副領事可能是某個經營私人事務的法籍居民，受法國政府委託擔任法國代表，並為行經此地的同胞提供協助。我們不知道杰韓先生是出於什麼動機來到福爾摩沙，更不知道他為什麼對原住民產生濃厚興趣，甚至決定——如曾任法國駐北京公使團醫生的馬丁（Martin）先生在一八八二年發表的記述中所提——「在番人部落中」生活兩年。

　　與原住民族近距離接觸的經驗並沒有讓他完全擺脫當時的偏見：他認為自己在原住民與大猩猩之間發現了一些身體上的相似性，這點呼應了十九世紀非常流行的一種做法——試圖證明人類是從發展程度較低的「種族」（即可定性為「野蠻」的族群）逐漸演變成發展程度較高的種族（這當然是指歐洲各「種族」……）。在杰韓的描述中，這些部落民族生活在「野蠻狀

態」中，他對荷蘭殖民統治結束感到遺憾，並明白表現出他對中國人的輕蔑（這也是當時歐洲人的典型態度）。

　　儘管如此，他仍然與共同生活過的原住民部落發展出難得的親密關係，以十九世紀的旅行者而言實屬罕見。在某些方面，他也對原住民展露真心的讚美，甚至很自豪自己採納了某些原住民的生活儀式。顯而易見的是，他終究非常喜歡這些人；眼見他們在漢人移民擴張下逐漸消失，他感到十分絕望。因此，他的見證無論如何都非常寶貴，因為他不但曾長期於當地生活，而且是以民族誌研究者的角度進行記述，針對他所觀察的部落，詳細提供所有生活面向的相關細節。此外，關於原住民文化面對接二連三的殖民壓迫及經濟發展方面的課題，是否得以存續，他也提出倫理上的扣問。

　　訪查期間，杰韓似乎是住在居民用來儲存穀物的茅草倉房。後來他的朋友、時任福州關稅務司的法國人美里登（Baron Eugène Herman de Meritens，即鄂仁・艾曼・德美里登男爵）得知杰韓生了病，請人將他從他所在的部落強行帶下山，再讓他從高雄搭船轉往香港。後來美里登可能繼承了他的研究筆記。據說離開福爾摩沙的部落之後不久，杰韓就因為結核病在一八六七年死於香港；根據馬丁醫師的說法，杰韓在部落生活期間逐漸贏得居民敬重，「享有非常崇高的威望，可說被視為某種神明」。

　　以下文本撰寫於一八六六年十一月，並於一八六八年一月刊登在巴黎《地理學報》（*Bulletin de la société de géographie*），隨文附有一張台灣原住民部落地圖。文章作者們似乎弄錯了一個地理資訊：他們所稱的「摩里遜山」（Mont Morrison，即玉山，

LES ABORIGÈNES DE L'ILE DE FORMOSE (1)

PAR M. GUÉRIN
Ancien vice-consul de France à Formose

ET M. BERNARD

LETTRE A M. VIVIEN DE SAINT-MARTIN
Vice-président de la Commission centrale de la Société de géographie.

Yokohama, 16 novembre 1866.

一八六八年刊登在《地理學報》的文章標題：〈福爾摩沙島的原住民〉

位於台灣中南部）其實應該是希爾維亞山（Mont Sylvia，即雪山，位於台灣中北部）或是雪山北邊的大霸尖山，位於泰雅族（Atayal）或「塔雅爾族」（Tayal）[1]分布區的地理中心位置。

　　福爾摩沙沒有原生住民。島上最早的居民屬於一個源自印度支那的大家族，這些人很久以前就在征服民族入侵下被迫遷徙；他們是這個地區人類基底的一個組成部分，其中還包括中國、海南島、菲律賓及其周邊列島的野蠻部落民族、寮國的土著[2]等等。不過，由於他們是最早定居在島上的人，而且在很長時間中

1　本篇文章中的Tayal中文採用「泰雅」的譯法。
2　原文作者按照當時法國人的習慣，使用越南語詞彙Moï〔土著、番人〕稱呼印度支那〔中南半島〕越南、寮國、高棉的原住民。

島上只有這些民族，我們姑且繼續以「原住民」稱之。

他們的遷徙應該是在非常久遠的過去發生的；遷徙行動於不同年代多次進行，並非從同一地統一出發。

當時森林區一路延伸到海邊，移民可以在山谷和平原定居。河流在剛抵達的不同部落民族之間發揮天然邊界的作用。這些族群以漁獵維生，使用各種完全不同的語言，相鄰部落經常互相打仗。不過，這些部落對外來的異族反而友善，他們接納了來自中國的法外之徒或被暴風雨吹到福爾摩沙海岸的中國人；西班牙人試圖在基隆[3]占據地盤時，他們沒找西班牙人麻煩；他們任憑日本人在島上縱橫南北、作威作福；荷蘭人與海寇國姓爺[4]作戰時，他們選擇與荷蘭人結盟。

不幸的是，荷蘭人後來被擊潰。野心勃勃的中國人想要乘勝建國，他們出征攻擊福爾摩沙人，輕而易舉地奪取平原和谷地。值得一提的是，這是唯一一場危及部落民族生存的軍事行動（十七世紀的事）。自此以後，透過某些程序，原住民失去了許多丘陵地（後續我們將仔細探討這其中的運作機制）。不過這種驅離是漸進發生的，不具任何匆忙潰退的性質，比較像一種自願撤離的運動。移民的風潮歷來將許多民族推送到福爾摩沙島；不過每個聚落所含的人口數都很低。這些部落一部分已經消失，有些被迫接受漢人支配，但大部分都勇敢地選擇封閉在山區的生活。

3　原文拼寫為Ki-long。
4　原文拼寫為Koxinka，即鄭成功。

原住民人口目前有多少？

雖然我們無法提供嚴謹而精確的答案，不過根據我們的觀察和推測，人口數字可能落在一萬五千到兩萬人之間[5]。

很重要的一點是，這些部落在他們退居的土地上分別位於哪個區域。除了村社或小集落周邊用來種植農作物的山坡以及矮林區以外，原住民的領土範圍非常混淆。好幾個部落把這些土地當成狩獵區縱橫其間；居住於東部的部落在這個地帶享有通過權，讓他們能接近漢人的邊界。雖然如此，有些界線很少被人跨越。這些主要屬於心理或精神性質的障礙源自相鄰部落之間的語言差異。另外，在有形物質層面，永遠存在一道相應的分界：河流。話雖如此，在深山中的發源地區，這些河流不過是一種名義上的障礙。

部落所屬領土雖然不容易界定，不過部落核心區——村社——所在的位置大致上不會改變。

我們的民族誌研究工作僅限於記錄原住民的一些主要聚居地，不過其中還是有些缺漏，因為我們沒機會探訪福爾摩沙島南端的些許部落，以及東部地區的數個族群。

福爾摩沙明顯呈現野蠻狀態的識別特徵——語言在一個狹小空間範圍內表現出高度的多樣性。不過，儘管存在這種多樣性，一些服飾、習俗方面的不同，以及某些主要由地形或環境因素所造成的差異，但在族群分類上的共同特性仍舊相當突出，因為野

5　目前的研究顯示，十九世紀中的台灣人口約有三百萬的漢人，六到十萬的原住民。

蠻狀態——用非常有限的手段或非常簡陋的器具滿足最基本的需求——不會以兩種不同的方式存在。

雖然一般而言，每個族群都有自己的語言，經常連距離最近的部族都無法理解，不過還是有一個顯著的例外。在福爾摩沙島北部三分之一的地區，有一個原住民族群的情況相當特別，他們分成多個部落，儘管互相和平相處，也享有共同的狩獵區和邊界，但各有不同族名、服從不同的獨立首領，沒有團結一致的立場。整個居住區使用相同的語言；造訪者必須注意聆聽，才能透過少許的特殊慣用詞語，察覺出自己已經來到不同的部落。我們自行將這個大族群稱為「摩里遜族」，因為組成這個民族的部落都分布在摩里遜山四周的高山地帶[6]。還有一個比較簡單的稱呼是「泰雅族」（Tayal），我們樂於從他們自己的語言借用這個名稱。雖然這個語言和呂宋島的方言相較之下並未呈現任何相似性，但泰雅和他加爾（Tagal，菲律賓人的統稱）[7]這兩個族群名稱的相似性仍然相當值得留意。

泰雅族共分成十六或十七個部落[8]。在東岸蘇澳灣[9]以南的濱海地區，首先是Tapéhan，然後是Katasièk[10]。與這些部落平行但位置較偏西邊內陸的部落是Menibo、Mouïaou、Sélamaou、Kaïaou、

6　如前文所述，這裡的摩里遜山是訛誤，應該是希爾維亞山（雪山）或大霸尖山。
7　譯注：本篇文章中的Tagal中文採用「他加爾」的譯法，以忠實呈現作者採用的詞彙，但實際上Tagal已通稱他加祿人（Tagalog）。
8　譯注：以下族群名稱有些難以考證，有些可能已經消失，因此在譯文中除了幾個特別確定的例子以外，主要以法文原文顯示。
9　原文拼寫為Sao-o-bay。
10　本書作者嘗試辨識出杰韓所舉部落在現代的對應地，並製成對照表單，附於本篇末尾供參。

Kouan。在比較靠近漢人疆界的地方，有Takassan、Kakaougan、Kéouï、Lahaou、Tétounan。最後，沿著漢人疆界分布的部落包括Tangav、Takoham、Malipa、Malikouan。這個民族圈的西側和北側是漢人；東側是Taoussaï和Taïoukou（太魯閣族），西南側則是Kalapaï。

就地理觀點而言，Taoussaï和Taïoukou位居摩里遜山分布區[11]的外環，並擁有異於其他部落的語言；他們處於相互敵對的狀態，與Kaïaou、Sélamaou和Mouïaou的關係也不和睦。

這些部族都分布在河流沿岸。Tapéhan有一條溪[12]，Katasièk部落也有一條河[13]，這些溪流都注入東邊的大海。流經Taoussaï部落居住區的河川[14]在Taïoukou部落的居住地區出海。一條大河[15]流經Kaïaou、Sélamaou、Mouïaou和Menibo等部落的分布區，在蘇澳灣附近入海。Tangav部落源自艋舺（Manka）河[16]發源的地區，Takassan、Kakaougan、Kéouï和Takoham等部落則分別沿著這條河的一條支流居住。在這些部落當中，人口最多的是Takoham、Menibo、Mouïaou、Taoussaï和Taïoukou等部落。

Menibo部落名聲不好，被認為喜歡偷搶；Taoussaï部落的許多居民罹患甲狀腺腫，成為其他族群恐懼的對象。

我們與泰雅族交流頻繁，關係密切。學習他們的語言以後，

---

11 如前文所述，這裡的摩里遜山是訛誤，應該是希爾維亞山（雪山）或大霸尖山。
12 東澳溪。
13 可能是南澳溪。
14 即立霧溪。
15 即蘭陽溪。
16 應該是指在艋舺城〔現在的台北萬華區〕附近匯入淡水河的大漢溪。

我們隨之認識了他們的風俗習慣。我們探訪其他部落的時間比較短，而且目的是為了做比較。

Kalapaï族的語言與泰雅族不同，這兩個族群之間隔著一條河；他們可以隨意渡河，雙方保持敦親睦鄰的關係；而他們與Maraïkoun族也處得很好（這個族群的語言衍生自泰雅語）。Bouïok（賽夏族）分布在內陸深處，他們只有一些簡單的邊境宿營區。他們有自己的語言，但為了與漢人溝通，他們會使用泰雅語。婦女只在額頭紋面，而我們第一次看到男人的胸部兩側各有一個額外的刺青。先前我們就曾聽說Bouïok族人的皮膚會像鱗片那樣剝落；我們在這個部落中實地看到的皮膚病發生率證實了那種說法的正確性。

在這個部落的分布地帶以及出海口位於後壟[17]那條蜿蜒河流之間的地區[18]，居住著六個族群：Meïahan、Kabouron、Baoukéton、Makama、Kaou-lo、Shabogala。這些族群還說一種衍生自泰雅語的語言，不過其中包含很多非泰雅語系的詞彙。

兩條流入海洋的河流——一條在Taïka入海[19]，另一條在Lokan入海[20]——為Ata-bou（阿罩霧）部落提供天然屏障，這個擁有自己語言的族群非常強大，不僅漢人懼怕不已，連南部的原住民也聞之色變。除了前面所提各部落的紋面圖案以外，這個族群的臉

17　原文拼寫為Héoulang，即今後龍。
18　譯注：這條蜿蜒河流即後龍溪，而在此所說的地區大致相當於現今苗栗縣南庄、獅潭等鄉。
19　Taïka指大甲，因此這條河是大甲溪。
20　Lokan應該是指鹿港，因此這條河是鹿港溪，今日名為員林大排水道。

部刺青還包括橫向渦捲狀的圖案。

我們剛介紹的這些部族大致上都會製造米紙[21]、生產麻纖維和織布。過了阿罩霧部落，南方的族群比較落後；他們的服裝以獸皮為主。

「黑河」[22]及Pakan河[23]之間是Tsoo（鄒）族，也可按該族主要村社的名字稱為Tiboula族。Tsoo族是唯一一個原住民與漢人結盟的例子；他們完全沒有紋面的習俗。對於鄰近的阿罩霧族和Sibou-koun族[24]，他們則非常不客氣。這個地區有不同的語言；人種也變得不一樣，身形較小、較矮壯，簡單來說就是比較像南方人。民居具有圓渾造形，屋頂呈錐狀而不再是方形。表示歡迎的方式不再是把手掌貼在胸前，而是用手掌按壓前臂（這些描述適用於所有南部族群）。Tsoo族人展示的戰利品不再是漢人的首級，而是堆積如山的山豬頭顱。

在下一個同樣以兩條河為界線的範圍內，可以看到Sibou-koun和Kanagou[25]這兩個原住民族群。這兩個部族有各自的方言。紋面習俗和仇視漢人的心態在暫時消失之後，在這裡又重新出現。這兩個族群的活動區域一直延伸到東部的山坡地帶。

這些原住民的各種習俗和偏見都很有意思，值得稍加了解。我們的介紹方式可能顯得有點教條，不過這是因為我們擔心提供

21　指蓮草紙。
22　即烏溪，又稱大肚溪。
23　即北港溪。
24　可能是布農族。
25　可能是卡那卡那富族。

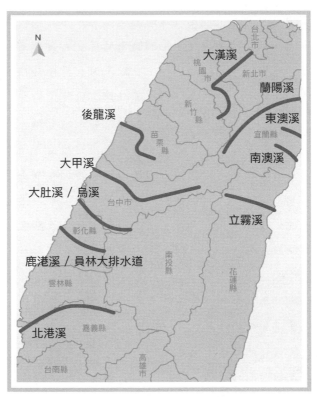

大漢溪

蘭陽溪

後龍溪

東澳溪

大甲溪

南澳溪

大肚溪／烏溪

立霧溪

鹿港溪／員林大排水道

北港溪

N

台北市

桃園市

新北市

新竹縣

宜蘭縣

苗栗縣

台中市

彰化縣

南投縣

花蓮縣

雲林縣

嘉義縣

台南縣

高雄市

杰韓副領事在文中所提及的台灣河流。（繪製：Kyo）

太多探訪行程的相關細節會使文章過於冗長；後續我們將多次提及北部原住民與南部原住民的對比。我們把Lokan溪[26]視為南北兩大族群的分界線，也就是說，我們認為阿罩霧是北部族群中最南邊的一個部族。

福爾摩沙的原住民行走時擺動幅度很大，相當接近高等靈長類動物，比方說類似大猩猩。他們的手臂很長，腳非常大。行進時，只有足底的前半部踩踏地面，有點像用一種極其精妙的關節協調動作抓住地面。除了南部各部落以外，原住民的身高都超過平均值。頭髮通常在腦後綁成髮髻，有時則齊根剪短。毛髮系統不太發達。五官看起來屬於被勞苦生活摧殘的類型。在北部，小孩的臉孔呈現與歐洲人臉型驚人的相似性；容貌非常多樣化，希臘羅馬式的立體輪廓，與扁平臉孔形成鮮明對比。可惜的是，出生時的美貌很快就消失於無形，隨之而來的是後天塑造的醜陋。南部的原住民看起來實在很像馬來人或他加爾人。所有人都精力充沛、動作敏捷，也都帶有一種游移不定的眼神，透露出心智不完整所造成的不信任與擔憂，令在場的人看了都覺得難受。一小部分女人長得頗標緻，她們身材嬌小。

原住民服裝的基本元素是藍色或黑色的棉布披肩，披肩圍住腰部，並在前方打成大結。透過這個物件，原住民勉強展現出以衣蔽體的意圖。不過，除了這件基本服裝，通常還會加上一件正面從上到下敞開的寬大無袖襯衫或一件無鈕扣背心。覺得冷的時候，也會套上一件長度及踝、在頸部繫住的布。有些婦女的襯衫

26　即鹿港溪。

有袖子；她們會穿護脛、圍裙和一塊從腋下繞到身後的布，在背後像繫毛巾那樣打結；最後還有一種類似頭巾的包頭布。這些服裝的布料有單色布，也有包含鮮豔毛料的混紡布。原住民用山羊皮遮雨：羊皮上緣開了一條縫隙，讓頸部可以透過弧形缺口伸展。天氣好的時候，他們會把這件大衣對折兩次，收存在一個附有肩帶的網袋中，泰雅族人出門時，背脊上少不了這麼一個袋子。

頭飾基本上比較缺乏。不過北部地區的部落會用蒲草編織帽子，包括簡單的無邊圓帽和寬邊帽，最特別的款式則堪稱騎師帽。他們戴這種帽子時，會把帽舌轉到腦後。這些有點像頭盔的帽子經久耐用，上面漆有紅色裝飾，並附玻璃串珠帽帶，以供固定在下頜。

在原住民眼中，飾品比服裝本身更加重要，無論男女，在這方面都競相比美。因此，他們有各式各樣的銅質手環、粗糙玻璃珠串成的項鍊和腰帶、有點像象牙的骨製平板狀裝飾，這些飾品穿戴在額頭、頸項，或組合成耳墜、鈴鐺等等。耳垂部位以類似歐洲人的方式穿孔；不過，男性的耳垂幾乎完全挖空，以放置一個竹製圓柱形飾品，上面有圖案刻繪，前端綴以紅色毛料製成的纓子或圓花飾。北部土著部落較南部優渥許多，這類裝飾琳瑯滿目。南部的土著有時會把鮮花插在頭髮上當作裝飾。

作戰或狩獵工具顯得比較考究：大刀裝進漆成紅色的木質刀鞘，掛在腰間；一把長長的火繩槍；身前有兩、三個火藥盒，掛在假珍珠製成的項鍊上；身後揹著摺好收進網袋的大衣、一個子彈袋、一個羊皮紙製格子收納盒，裡面有八發火藥，分別裝在八

個竹匣中；手腕上繫了一條繩子，上有打火機和火石，以及供作火絨的香蕉莖髓；他們有時也會帶一把弓，操作技巧無與倫比；他們用草繩把狗成對栓繫起來。這種動物堪稱部落財富的要素之一。有些族群會把狗尾巴切斷；大部分則尊重這個身體延伸部位的存在。

在此必須說明兩個原則：一、所有與漢人打仗的部落都有紋面習俗；二、只有額頭和下頜的刺青具有根本性的重要意義。紋繪於額頭的刺青是長兩公分、寬一公分的方形圖案，裡面排滿間隔一公厘的平行線；下頜中央的刺青採用相同圖紋，但長度略小。

也許出於天真，更可能是因為不了解情況，漢人認定原住民臉部刻繪的圖案反映的是人生的兩個時期──青春期和結婚生活。可惜這些閃的子孫[27]弄錯了，番人為這些圖紋賦予的詮釋截然不同。十二到十四歲的原住民少年會在父親、兄長或親戚帶領下，出草追獵漢人。如果獵殺行動成功，男孩將人頭帶回村子以後，就會得到他的第一個格狀圖紋──人生中的第一個刺青。不過只有在他用自己的雙手殺掉一名漢人以後，他才能擁有下頜的紋飾；這兩次擊殺行動的時間間隔經常相當短。

摩里遜山族群的原住民只採用前述兩種圖紋。我們看到其他一些部族會在臉部或胸部施加一道橫向線條。令人遺憾的是，女性雖然免於經歷刺青的決定性成因[28]，但終究無法擺脫紋面習俗

27　「閃的子孫」這個不常用的詞語在此指漢人，也就是說，本文作者採用聖經對於民族起源的分類方式，將漢人也視為閃〔挪亞兒子之一〕的後代子孫。

28　譯注：指參與出草獵首行動。

的後果：原住民會用藍色圖騰妝點適婚年齡的處女的前額。目前多數族人在這方面的實踐僅止於此；不過有時候，就像在大部分的泰雅部落，結婚時刻的到來意味的是新婚妻子被迫承受一堆鬼畫符般的刺青；臉頰和雙唇隨之消失在繁複的圖紋線條中。不難想像，這種習俗會導致嚴重的發炎症狀，不像簡單的前額或下頜刻繪只造成微不足道的小傷。

刺青是一項專業，說得更貼切是一種聖職，只有女性能從事施紋工作。刺青師的器材與執行程序如下：一小根飽含樹脂的松樹枝，點燃後以其火焰燻燒一個平滑物體，累積出一層厚厚的黑色物質。取一條紗線沾上這個物質，拉撐兩端，用來在皮膚上描繪刺青圖案的草圖，然後把一種類似梳子的鋸齒工具壓在圖案線條上，用木槌敲擊，讓金屬鋸齒嵌入皮膚。初次流出的鮮血會用竹製刮板止住，這時刺青師薰滿樹脂煙氣的手指會以磨擦動作搓揉傷口。刺青程序就此完成；鮮血很快就會自行停止，傷痕著上了無法消除的深藍色澤。絕大多數部族都到Kakaougan部落找刺青所需的木材，那個地區擁有一些樹脂含量特別高的森林。

原住民設有供獵人和趕路人休息的歇腳處，這是一些用樹枝和蕨類植物搭建的棚子。他們的民居建造得相當精細，房舍主要聚集成小型村落，沒有形成較具規模的村鎮。接近村落的樹木被大量砍除，作為即將進入村莊的指示，繼續走就會看到一片四周都是森林的大型空地。房屋沿著山坡興建，呈長方形或方形（南部則是有圓錐狀屋頂的圓形房舍），棟距相當寬闊；牆壁用劈得不太工整的木板建造，屋頂以竹材架設，上面鋪有茅草，房屋都有門窗。室內地板壓得很實；每個角落位置都擺設一張床（以木

質床腳穩固的竹製框架），床上放著一個織布箱；室內每一邊，在兩張床之間的空間，都有一個由三塊石頭組成的爐台；爐台上有一個竹筐，讓獸皮和鹿角放在上面烘乾；武器和打獵器具成排陳列；最後，在一處牆角放的是背簍、甕缸（蓄水的容器）、不同形狀的籃子，以及各種家務器具。在這樣一棟家屋對面，會有一間蓋在木樁上的穀倉。穀倉內堆放著這家人的糧食和財物：成綑的稻米、糯米、黍、小米[29]，都以巧妙的方式存放貯藏；箱櫃中放了編織布料、衣服和慶典飾品、從漢人首級剝下的頭髮、貝珠。貝珠是小小的白色圓柱形物體，形狀類似媒玉[30]製成的錢幣，不過是以某些魚類的骨質部分製成[31]，他們會把貝珠連結成串，環戴於頸部和頭部當作首飾；商人運送貝珠時，會將貝珠排列整齊，綴裝於紅布上交付給原住民。

房屋四周有幾塊田，種植一些番薯、麻和蓪草（學名Aralia papyrifera，可用來製造米紙）。田地的盡頭有一個草長得很高的空間，經過那裡的人似乎會把目光移開。只要撥開草叢探進去，就會明白這種嫌惡感的成因：濃密的綠草遮住一個粗木架，架上擺放漢人的首級，陳列方式宛如置身在解剖學博物館；其中總有些是不久前才獵到的。

穀類作物種植在房屋附近的山坡或台地上。每年他們都會把

29　在泰雅語中，稻米為pagay、糯米為rhkil、黍為trakis、小米為bsinu。
30　一種堅硬的黑石。
31　譯注：顧名思義，「貝珠」傳統上是以硨磲貝（現為保育類物種）而非魚骨製成。杰韓以monnaie（錢幣）一字描述貝珠，大致符合貝珠的功能，但他指出其材質為魚骨，可能是因為當時他所得資訊有誤。

大樹幹平放在地面燃燒，燒完留下的灰燼就成為肥料。在兩次種植穀物之間的空檔，田中會生長蕪菁、一種可供解酒的山萵苣[32]，以及菸草。雖然田地已經用手工仔細翻土，這些植物卻長得瘦弱而稀疏，看起來彷彿是某個童稚民族所做的農業實驗。只有稻米長得好看。菸草葉依據需要隨時採摘，然後用火烤乾。有幾個南部部落會把菸草葉捲成蘿蔔狀來存放。這些鄉村民居缺乏其他地區的農家庭院中經常聽到的家禽聲音。被問到這個問題時，原住民的回答是：他們連要養活自己都已經很不容易了；他們的腦袋無法理解家禽可以成為穩當而寶貴的食物來源。

婦女負責農事；男人沒打獵或出草的時候，也會幫忙她們。原住民的生活可以說是過一天算一天，因為他們的思慮不深遠。在生活條件較佳的部落，家庭成員每天會蹲在飯鍋周圍吃兩次飯。有時除了米飯以外，餐食內容也包括番薯和一點野味。山豬肉、鹿肉和山羊肉的保存方法是把肉切成塊狀，把肉壓實，然後風乾。台灣的番人藉由發酵作用，用糯米製作一種略帶酸味的酒，喝了會有醉意，不過不傷身。對這些番人而言，打獵既是一種喜好，也是一種必要。捕獵山豬和鹿的時候，他們會拍打樹林、逐出獵物；不過他們也會設陷阱捕鹿。至於豹和熊，獵人會爬到樹上潛伏，伺機獵殺。在南部，熊皮會被用來製作物品；北部的人則只會取下四個熊掌，皮留在身體上一起烤來吃。在和平出行的場合，婦女會陪在丈夫身邊，不過通常她都留在家裡。家務和農事大都落在她身上。作為丈夫名副其實的合夥人，她受丈

---

32 泰雅語為yahu。

夫欣賞，她的個性也相當快活。她喜歡唱歌，某些部落的婦女還會加上音樂伴奏。他們的樂器是一段竹子，長十公分；一端裝有兩個銅質簧片；兩端都有一條紗線穿過。吹奏樂器時，他們會把它的凸面置於雙唇間；用手拉扯兩端的紗線，藉此在樂器上製造牽引、旋轉的律動，同時用舌頭連續按壓金屬瓣片。在一些部落，婦女和少女會隨著單調重複的樂音，天真無邪地擺腰扭臀，但動作其實相當猥褻。

雖然他們的語言中沒有我們觀念中的「矜持」這種東西，不過他們的世界不存在賣淫，通姦也是幾乎沒人會犯的反常行為；除此之外，丈夫為了保護自己的名聲，享有一些極其嚴苛的權利，並且不惜加以動用。在南部，可能是為了獲得維生和養育小孩的輔助收入，民間習俗准許寡婦出賣身體。

男女結合很早就會發生，甚至是在少女有能力懷孕以前。男孩找到心儀的女孩以後，會送禮給她的父親，禮物可說相當典型，包括一個無柄鍋、一把刀、一個甕缸和一些珠貝衣。假如他真的很窮，他的兄弟之一也許可以被接受為禮物的替代品。女孩的父親可以給予同意或拒絕同意：如果同意，訂婚期會馬上決定，為時可能一個月到一年不等。通常如果女孩是獨生女，訂婚期間就會拖到最長，父母藉此盡可能延後和女兒分離的時間。

婚禮在男方家舉行，待嫁姑娘完全不參與，留在父母家等待熱熱鬧鬧的隊伍前來把她帶離寂寞的生活。她跟著丈夫生活。如果她的母親是寡婦，家裡沒有兄弟，或只有年紀還小的弟弟，那麼丈夫就會到岳母家和妻子一起生活。

當父親的有時眼光太高，會拒絕第一個提親者；女兒只能認

命，不過不是甘心當老處女（這畢竟是眾人無法接受的事），而是等著某個比較富有的男人來贏得她的芳心。然後歲月流逝，美貌不再，最後通常只能委曲求全，下嫁給一個窮先生。

除非父母否決，不然這些婚姻可以說都是年輕人兩情相悅的結果。父母的否決令下一代畏懼，有時為了讓否決失效，相愛的男女會離家出走，躲進山中。這時，村裡的頭目和這家人的朋友會出面介入，請求長輩寬恕，設法召回逃家的年輕人，障礙就此排除。根據這些部族的習俗，接下來就是刺青師行使義務的時候了。在上述情況中，這道手續會讓犯行女子付出高昂代價——紋面費用比平常處女伸出臉龐接受木槌祝聖的情況貴上十倍。在某些部族中，新婚男子會為了娶妻而奉獻兩顆犬齒；妻子的表現更加熱衷，除了去掉兩顆犬齒之外，她還會讓人再鑿去旁邊的一顆門牙。

我們很少看到殘障的男性；有這種問題的男人無法指望找到終身伴侶。

一夫一妻雖然不算法律，不過是慣例；極少數頭目情況特殊，擁有兩個妻子。

產婦自行接生，分娩之後五天，她已經回歸平時的工作；原住民婦女完全沒有難產的情形。

無論嬰兒是男是女，孩子出生總被視為福氣；新生兒滿月時，父母會為他取名。他們沒有斷奶的做法，哺乳行為會一直延續到乳汁分泌期結束為止。

最常見的疾病是間歇熱、肺癆、腸病、天花；而醫學治療方式就是休息和一些祈禱。如果病人沒有家人也沒有房子，鄰里會

發揮善心，幫他蓋一間棚舍，讓他在裡面安靜等待治癒或死亡。有人得天花的時候，全村人會火速逃到遠處，住在臨時搭建的房舍中躲避；居民彷彿在疾病爆發點四周圍起一條衛生安全線，只有已經得過天花的人准許靠近。我們問一名守衛，同一個人會不會得這種病好幾次？對方的回答是：「得一次就很夠了。」

　　葬禮和服喪方面有相關規定。死者總是穿著生前的服裝和飾物入土。他會被放在靈床上二十四小時，接受親友告別，然後由家人獨自完成安葬工作：他們在家中的一張床底下挖一個深坑；遺體以坐姿放下去；膝蓋上放一撮米和一塊鹿肉；頭頂擺一個大鍋（與平日使用的烹飪物件形狀相同）；這個鍋子的功能類似頂穹，上面會填滿泥土並壓實；刀、火槍、火藥盒──簡單說就是原住民生前使用的所有打獵工具和武器──都會跟著他埋進墳墓。如果死者是不曾打獵或到田裡工作的小孩，他就不能享有一撮米和一塊肉；他也無權獲得大鍋盛土的尊榮。墓穴填滿、泥土壓平後，他們會把床重新擺好，然後一家人移居到親戚家一個月。如果是在外暴力死亡或意外死亡的情況，則死者會被埋在山上。

　　服喪儀式包括哭和禁食。這些表達痛苦的作為按照明確的禮儀規定實行，而且會依據死者的身分以及他與存者的親屬關係等級而有不同變化的版本。

　　原住民沒有外在信仰，不拜神也不拜物，不相信來生。不過他們會召喚某種熟悉的精靈，讓祂在夢中造訪，精靈不具神格化的形式，而有父親、母親或某個近親的外貌。夢境的詮釋方式從不會含糊不清：夢中人給詢問者的答案非黑即白，不是建議他按

照心中的打算行動，就是阻止他這麼做。

除此之外，無論男女都有一種日常迷信：每天清晨破曉時，他們會獨自佇立在小徑上，觀察他們的占卜鳥（一種灰黑色的戴菊鳥，在山區相當常見）[33]。獨自走動或飛行的占卜鳥是斜向切過山徑？那就是好兆頭，當事人內心的意圖將有好的結果。但如果鳥的行進路線與小徑垂直或平行，那麼他就只好躲在房子裡，因為這個日子很不吉利，既不會帶來獵物，也不會帶來漢人首級；婦女猶豫是不是該走到山下的水泉取水，因為她怕半路碰到有毒液的爬蟲動物；刺青師的工作被迫延期，情人避免求婚。根據鳥的行進方向求取預兆時，如果鳥同時發出牠那頗有節奏感的歌聲，那麼預兆就得到證實。我們生活在這些部落中時，從不會忘記按照這個習俗來決定我們的行事。

原住民每年慶祝三個節日，與稻米、小米、黍的播種或收穫有關。泰雅人用「酒杯工作」這個有趣的意象稱呼這種慶典。在這些節慶中，人們確實大肆喝酒，而且他們有一種不太方便但充分表現友愛的習俗：兩個人同時用同一個酒器喝酒。他們會事先進森林打獵，準備好大量的野味。酒酣耳熱時，賓客會互相打架；慶典結束以後，他們則會藉由圍獵活動重新活絡僵硬的筋骨。

我們看不出任何政治體制存在的跡象。家長對家人擁有絕對的權威，而且他很早就會開始和長子——他未來的可能繼承人——分享這份權威。部落沒有最高首領。村落中有某種同時具

---

33 事實上應該不是戴菊鳥，而是繡眼畫眉，泰雅語為siliq。

有世襲和選舉色彩的司法結構（兒子只有在被公認為可與父親媲美的情況下，才能取代他的位置）。肩負這項職責的法官擁有多少權力及影響力，端賴其財富或勇氣。他們採用的是一種和平司法，總是設法透過調解方式解決爭端。謀殺事件不存在於這些野蠻民族之中。偷搶行為不罕見，不過受害者自行主持正義的情況屬於特例。當事雙方來到法官面前，法官致力平緩恨意，設法讓犯行者賠償損失或將財物歸還原主。

不同部落間不曾出現結盟的情況；它們之間的唯一連結是語言的共通性。

以物易物的商業活動在福爾摩沙原住民族的生活中扮演非常重要甚至攸關生死的角色。他們從漢人那裡獲取火器、火藥和鉛彈、刀子、陶鍋和陶甕、鹽、米酒、棉布、毛料（不過他們會把毛料拆散，然後與原住民布料交織，藉此塑造出他們特有的顏色和圖案）、針、線、鈕扣、鈴鐺、銅、玻璃飾品、象牙裝飾、錢幣[34]……等等。原住民族則為漢人供應麻、布料、蓪草紙、熊皮、豹皮，更多的是鹿皮，還有鹿的蹄筋、鹿腳、鹿角、山豬牙、野味、菌菇、藥用植物、「kamatchi」（一種可以用來製作染料的塊莖）[35]；他們提供的最重要的交易品則是開採鄰近森林或在山谷開闢稻田的權利。

北部比較富裕，因為這個地區能用來交易的產品比較多，而且這裡的漢人幾乎可說就生活在番人的大門外。在此可以探討一

---

34 譯注：這裡的「錢幣」（monnaie）一詞可能指前面提過的貝珠。

35 即薯莨、薯榔，學名Dioscorea cirrhosa，泰雅語為qmaci'。

個敏感議題——如何評價原住民與漢人雙方之間的關係。

　　如果荷蘭人在福爾摩沙成功立足並進行支配，那麼對這裡的原住民族而言會是好事。身為一群謹慎而靈巧的主人，荷蘭人將會成功籠絡原住民部落，讓這些野蠻人在他們的管教下，逐漸達到相對文明的程度；無論如何，這些部落至少能學會如何生活和維護自己。但與此相反，入侵福爾摩沙的漢人剝奪了原住民族的一切，卻什麼也沒讓他們學到；漢人的侵略冷酷無情，但這不是系統性的侵犯，而是出自迫不得已的必要：島嶼很小，但入侵者人數眾多，且苦於飢餓。在國姓爺（鄭成功）的時代，原住民族似乎遭受大規模壓制，此後的事態以緩慢方式演變，直到今天仍然如此。後來的人看到山谷和平原已經有人占據，只好往山區前進，蠶食番人部落的地盤，藉此取得能開墾稻田的土地，霸占灌溉所需的河流，在山坡上種植藍染植物、菸草、尤其是番薯，進而開採森林，特別是經營樟樹產業。

　　在北部，漢人入侵的速度極為緩慢，一方面是因為原住民一寸一寸地捍衛土地，另一方面則是因為漢人在他們已經併吞的土地上找到源源不絕的資源，因而不會有太多繼續往前推進的需求。反之，在南部，漢人首先犯下的惡行是駭人的森林砍伐。這導致大片空曠地出現，從最外圍的漢人農場一直延伸到原住民居住地的邊界。原住民族在一種孤立狀態中勉強度日，這種孤立或許讓他們覺得比較安心，但卻迫使他們長期承受山區道路全然缺乏、河流無法航行所造成的交易困難。森林砍伐照理說是不容易辦到的事，不過因為好幾個部落決定與入侵征服的漢人結盟，完全不予反抗，結果大片林地就這樣消失了。

漢人開墾者設法用購買方式取得他想要的東西，而說服是他們偏好的策略；不過如果碰到頑強拒絕的情況，他們會擅自越界，這時他們當然得自行承擔風險。因此，伐木者無論是獨自一人或結成小隊進入森林，對番族盜匪而言都成了唾手可得的獵物。有時村莊或富有的地主會與部落中的一部分人協商，讓他們到附近定居，藉由他們的存在來保護自己的人丁。漢人會發放「補助」（稻米、酒、家禽、小豬……），回饋原住民的這種服務。最後，如果原住民完全不讓步，漢人就會大規模推進，並調派半數部隊，為工作者提供武裝保護。這種行事方式可以帶來全面的安全，使原住民被迫不斷撤退，不過漢人很少採用這種做法，就算做了也是勉為其難。

　　原住民採用的防衛方式非常類似攻擊。獵人組成人數不多的小隊，在邊界地帶偵查，他們埋伏在有利地點，只在萬無一失時才現身，幾乎從來不會遭到突襲。邊界沿線的部落不足以保護原住民的土地，內陸的部族也必須與他們輪替，才能有效執行這個工作。

　　原住民雖然依照前文所述協議，維護漢人的安全，不過他們並沒有試圖規避所有番人心目中責無旁貸的義務；為免違背對自己族群的承諾，他們會到一定距離以外的地方——也就是不在他們職責範圍內的地方——擊殺敵人。此外，這種由漢人補助的保護措施只限於極少數的一些定點。

　　我們是否應該嚴厲批判這種殺人行為，尤其是受害者毫無防備就遭到突襲的情況？原住民依循的難道不是一種自我維護的情操？如果伐木工人不受懲罰，日益前進山林，剝奪原住民最珍貴

的資源——狩獵，他們豈不是在迫使原住民死於飢餓？的確，這其中除了終究有其正當性的防衛，還包含了被剝奪者對掠奪者的深仇大恨。這或許足以解釋原住民何以用如此凶殘的手段令敵人身首分離，以勝利者之姿將首級帶回部落，並以他們凱旋歸來為藉口，大肆飲酒作樂，讓所有人參與狂歡。

漢人自己也賣武器給將會危害他們的殺手，因為在他們眼中，利益重於一切考量；對番人來說，值得慶幸的是，他們的敵人並不是依循著確立的政策在行事。

山麓地帶分布著一些建有防禦工事的農場[36]，許多漢人住在裡面，他們身上永遠佩帶武器，時刻保持警覺。一部分農場是商業往來的地點；如果原住民女性嫁給漢人，他們住的農場特別容易成為這種地方。這些婦女是自然而然的中介者。還有另一類型的中介者：混血兒。

娶原住民為妻的漢人會把小孩留在身邊幾年，然後將他們送到母親的部落。女兒會在部落裡結婚，但在嫁給原住民丈夫的同時，她毫不猶豫地內化對自身漢人姓氏的仇恨。兒子也在部落娶妻，不過對父親的血緣保留較多好感；他們既不出草獵頭，也不參加獵頭慶典，儘管偶爾看得到一些混血男孩的額頭上有刺青，但他們的刺青不具實質意涵。他們掌控部族的商業活動，負責安排交易事宜。然後交易而得的物品會透過一套兜售制度，流通到最偏遠的部落。

福爾摩沙原住民的未來命運會如何？我們可以立刻推斷，這些

---

36 指「隘寮」、「隘田」。

民族不是那種一旦與文明接觸，就形同被宣判絕對死刑的族群。在此不妨看看日本民族的例子，作為從印度支那往外遷徙的移民中最傑出的群體，日本人為上述論點提供了無可置辯的佐證。不過我們認為他們還是受到過度的吹捧，況且他們從中國方面得到過一些不當啟蒙。對於福爾摩沙這些部族，我們盼望他們能獲得另一種方式的提升。只要停止強制性的土地侵占，野蠻的報復行為很快就會消失。建立自由交易制度，導入各種種子、農業機具、家畜；開採森林、玉石、煤礦、銅礦、銀礦、金礦，這些做法都能一步一腳印，慢慢讓原住民從生活改善邁向更高度的文明。

這些願望再簡單也不過，但可能永遠無法實現。一場宛如封鎖的可怕行動正以緩慢但持續的方式，逐步壓縮福爾摩沙原住民族的生存空間，使原住民儼然被囚禁在他們已不再習慣冒險闖蕩的海洋以及一個貪婪掠奪的種族之間。漢人掌控所有可供利用的出入口，永遠不可能讓任何人事物自由進出。

在現今資料中印證杰韓描述的部落

杰韓副領事稱為「塔雅爾族」（Tayal）的族群大致相當於現今所稱的泰雅族（Atayal），不過他採用的定義有時也涵蓋一些目前被認為與泰雅族有別的群體（例如賽夏、太魯閣或賽德克族）。此外，有時他講的部落並不是指一個部落而已，而是指比較廣泛的族群或系統，包含好幾個部落在內。在這種情況下，主要的問題在於定義，而這牽涉到族群邊界在界定上的困難度，因為選定的標準不同，界定的方式也不會一樣。

總之，杰韓列了一個相當長的族群清單，將這些族群大致擺進台灣地圖中的相關位置。許多目前我們清楚知道的族群沒有出現在調查結果中，可見他的研究不完全詳盡。我們不知道他是用什麼方式蒐集資料，不過這些資料很可能源自他在各部落中所做的實地調查。

我們設法辨識杰韓指出的各個族群，並透過台灣原住民委員會的資訊，以及其他一些我們取得的資料，找出它們現在的名稱和地理位置。這項工作有相當高的困難度，一方面因為杰韓轉寫專有名詞的方式與目前採用的名稱有顯著出入，另一方面則是因為一個半世紀以來，這些族群已經歷經許多演變：有些族群自願或被迫遷移他處；有些已經融合；還有一些可能已經消失。整體

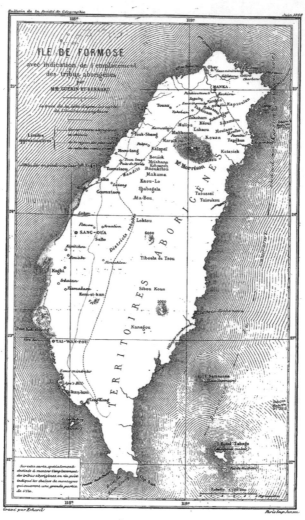

台灣原住民部落分布圖。

而言，我們在目前的族群分布中相對確定地找出了杰韓所提及的一部分族群，不過有些族群難以確實辨認，還有一些族群現在似乎已經完全找不到對應。話說回來，讀者中若有一些專家學者，或許可以讓以下清單更精確完整！

杰韓列舉的部落	與現今部落的對應（名稱／地址）
Tapéhan	塔壁罕部落【Tpihan】／宜蘭縣南澳鄉東岳村
Katasiek	（未知，待查）
Menibo	溪頭群【Mnibu】／宜蘭縣蘭陽溪流域
Mouïaou	（未知，待查）
Sélamaou	司拉茂，梨山部落【Slamaw】／台中市和平區
Kaïaou	佳陽部落，舊稱為卡搖【Kayo／Sqoyaw】，台中市和平區
Kouan	可能是高崗部落【Gogan】／桃園市復興區三光村
Takassan	卓高山，下蘇樂部落／桃園市復興區高義里
Kakaougan	可能是卡奧灣群【Gaogan】／桃園市復興區
Kéouï	內奎輝部落【Qehuy】／高義／大嵙崁溪（大漢溪）上游左岸的山腹／桃園市復興區高義里
Lahaou	不確定，可能是桃園市復興區澤仁里的溪口台部落【Rahaw（Takan）】，或新北市烏來區信賢里的信賢部落【Lahaw】
Tétounan	可能是羅山部落【Takunan】／新竹縣五峰鄉竹林村
Tangav	斷匯部落【Rangay】／桃園市復興區羅浮里／故名為Tonkae（日本語「斷崖」之意）
Takoham	位於現在的桃園市大溪區

Malipa	不確定，可能是烏來一帶泰雅族屬賽考列克群（squliq）馬立巴系統（Malepa）
Malikouan	馬里光部落【Llyung】／新竹縣尖石鄉玉峰村
Taoussaï	賽德克族陶塞群，原居地係今日的花蓮縣秀林鄉一帶
Taïoukou	太魯閣族
Kalapaï	可能是加拉排部落【Mklapay】／新竹縣尖石鄉嘉樂村
Maraïkoun	可能是梅魯庫互部落【Melukux】／新竹縣尖石鄉梅花村
Bouïok	對賽夏族的泛稱
Meïahan	不確定，可能是花園部落【Mayhuman】／新竹縣五峰鄉花園村
Kabouron	不確定，可能是八卦力部落【Kahoan】／苗栗縣南庄鄉蓬萊村
Baoukéton	（未知，待查）
Makama	（未知，待查）
Kaou-lo	不確定，可能是瓦祿部落【walo'】／苗栗縣南庄鄉東河村
Shabogala	（未知，待查）
Ata-bou	阿罩霧【Ataabu】／台中市霧峰區
Tsoo／Tiboula	鄒族，Tiboula指特富野部落【Tfuya】／嘉義縣阿里山鄉達邦村
Siboukoun	可能是布農族郡社群【Isbukun】，或者布農族的泛稱
Kanagou	可能是卡那卡那富族【Kanakanavu】／高雄市那瑪夏區

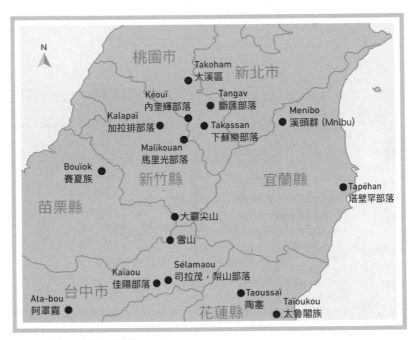

杰韓提到的北方部落。（繪製：Kyo）

兩首泰雅族歌曲

　　除了上一節對福爾摩沙原住民所做的綜合介紹以外，杰韓也發表了一篇洋洋灑灑的文章，分析泰雅族等族群使用的語言。該篇文章解析泰雅語言的基本文法，提供一些詞彙，並將其與Shabogala、Bouiok、Tsoo、Siboukoun等鄰近族群的語彙進行比較。

```
478              VOCABULAIRE DU DIALECTE TAYAL.

    Guenibo, moustiquaire.
    Tapan, couverture.
    Loupé, natte.
    Magaou, kmagaou, balai, balayer.
    Taloukan, oreiller.
    Moboul, torche.
    Kaïo, jarre.
    Païatou, écuelle à riz.
    Labalé-kalouban, poêlon.
    Salaou, grande jarre pour le vin d'orge.
○   Ganloch-makani, cuiller (mot à mot, os de cerf, l'omoplate du cerf
    sert de cuiller aux Tayals).
    Bouboul, vessie ou estomac utilisés comme réservoirs.
    Binoù, assiette en jonc.
    Rom, crochet, croc.
    Kolo, seau.
    Cassö, barque.
    Simmalou, rame, ramer.
```

節錄自杰韓，〈泰雅方言詞彙〉（Vocabulaire du dialecte tayal），《地理學報》，一八六八年。

泰雅語	中文
Guenibo	蚊帳
Tapan	被子
Loupé	蓆
Magaou, kmagaou	掃帚；掃
Taloukan	枕頭
Moboul	火把
Kaïo	甕
Païatou	（盛裝米飯的）碗
Labalé-kalouban	帶柄鍋具
Salaou	裝糯米酒的大甕
Ganloch-makani	湯匙（字面意思是「鹿骨、鹿的肩胛骨」，泰雅人用作湯匙）
Bouboul	用來裝水的動物膀胱或胃囊
Binou	藤編餐盤
Rom	鉤子，獠牙
Kolo	水桶
Casso	小船
Simmatou	槳；划

本書不全篇轉載杰韓的語言分析文章，僅提供文內所附兩首歌的歌詞。歌詞以泰雅語拉丁拼音轉寫，並翻譯為法文，在此將法文版酌譯為中文。

CHANT DU TAYAL QUI VA A LA CONQUÊTE DE TÊTES CHINOISES.

Laouka kouin poutguiai . . . . Je m'élancerai;
　I do　je　courir

Laouka　　　maïaougoun　　. je franchirai le sommet des monta-
　　I do atteindre le versant opposé　　gnes;

Sangan . . . . je surprendrai l'ennemi,
rencontrer, surprendre

Mo patous . . . . et, faisant feu,
tirer fusil

Koutan. . . . . je le tuerai.
　tuer

Panga toloch taoukon . . . . Je placerai sa tête dans mon filet.
porter　tête　filet

Panga gansal. . . . . et la rapporterai dans ma demeure.
porter　maison

Kmita kanilit. . . . . Ma fiancée l'ayant vue (la tête),
　voir　fille

Mabé kanilit. . . . . consentira à partager ma couche;
dormir　fille

Mabé sasan touliek. . . . . elle y dormira jusqu'au jour.
　id. demain se lever

Malak　shilick　. . . . . L'augure m'est favorable.
　bon　oiseau augural

節錄自杰韓，〈泰雅族獵頭歌〉，《地理學報》，一八六八年。

「Chant du tayal qui va à la conquête de têtes chinoises」〈泰雅族獵頭歌〉

Louaka kouin poutguiai	Je m'élancerai	我要向前衝
Laouka maïaougoun	Je franchirai le sommet des montagnes	翻山越嶺
Sangan	Je surprendrai l'ennemi	突襲敵人
Mo patous	Et, faisant feu,	開槍射擊
Koutan	Je le tuerai	讓他斃命
Panga toloch taoukon	Je placerai sa tête dans mon filet	頭顱放進袋
Panga gansal	Et la rapporterai dans ma demeure	帶回我的家
Kmila kanilit	Ma fiancée l'ayant vue	心上人看到首級
Mabe kanilit	Consentira à partager ma couche	定願與我同床
Mabé sasan touliek	Elle y dormira jusqu'au jour	一睡就到天明
Malak shiliek	L'augure m'est favorable	我有好兆頭

「Chant d'un célibataire à une noce」〈單身漢祈婚歌〉

Kia malikoui	Il y a un garçon	有個男孩
Miekan kotok kanilit	Qui a acheté une jeune fille	買了個姑娘
Ongad kanilit kouin	Je n'ai pas son bonheur	我不如他幸福
Ongad kabalai loukous	Personne ne tisse mes habits	沒人為我織衣
Ongad panga gaé	Ne rapporte les patates	為我挖番薯
Ongad panga ouniek	Le bois	砍木柴
Ongad panga koutsia	L'eau dans ma demeure	挑水回來
Ongad makouma	Personne pour cultiver mon champ	沒人為我耕田
Ongad apoue	Et apprêter mes repas	為我做飯
Oui-aï kouin	Aussi suis-je affamé	於是我餓肚
Ongad kmagaon gansal	Le désordre règne dans ma maison	房裡一團亂
Ongad malahan kouin	Je n'ai pas d'aide	我沒有幫手
Makoun mankouriek sikoliek	Je n'ignore pas que l'on me met au pillage	我知道有賊闖我家
Makoun kotoch nanak é	Mais je sais que je suis seul	我很清楚夜裡
Mali passona	La nuit dans ma couche	沒人睡在我身旁
Ongad shiou-oun		獨自一人
Kotoch nanak é	Seul	我就像個
Keurkouran	Je ressemble au malheureux qui ploie sous le faix	被重擔壓垮的可憐人
Ouiguiek saouman	Essuyant sa sueur	汗流浹背
Pékkil kouron kouron	Je suis fatigué de mon sort	這樣的命讓我心累

法國人看待原住民時顯現的種族主義與偏見

　　從十七世紀開始，來到福爾摩沙的法國旅行者一直對原住民深感興趣。起初這也無可厚非，因為那時島上的人口主要是原住民，連西部平原也不例外。不過中部和東部也生活著一些排斥外族的族群，他們先後反抗荷蘭人及大清帝國的殖民及統治，當時外界只能透過傳言知道他們的事，而他們的生活方式令人匪夷所思，激發外人的強烈好奇。

　　人類遇到屬於不同文明的同類時，經常會產生某種優越感，本書中的法國旅行者也不例外，他們深深相信自己比較優秀。雖然如此，他們還是認同原住民的某些優點：早在十七世紀，原住民就被描述為高大、強健，擁有超乎凡人的體格，特別是無與倫比的跑步速度與耐力，以及令人驚嘆的狩獵技巧。

　　法國旅行者的記述當然也會強調原住民征戰行為的凶殘，尤其是砍頭和保留首級的做法，以及儀式性的食人習俗，不過在那些年代，殘酷和暴力是許多社會的共同特質，因此旅行者會將這些做法與原住民的敵人——漢人——的殘忍相提並論。

　　旅行者們也在原住民身上看到一些漢人所不及的美德：他們被視為比較坦率、誠實、可靠，也比較有正義感。旅行者還在原住民族中觀察到一些似乎值得推崇的社會特徵，例如相較於漢人

社會，婦女在群體中的地位相對較高。無庸置疑，「善良野蠻人」的主題從十七世紀開始就普遍存在於這些旅行者的記述中。

原住民之所以令某些旅行者留下良好印象，有時是基於記述者本身的一些期許，例如十八世紀時，馮秉正神父希望有朝一日能讓這些人群皈依天主教，而漢人似乎排拒這個宗教的誘惑。他將原住民稱為「原有居民」（naturel，原意為「天然人」），這個詞語的意涵比當時通常採用的「野蠻人」（sauvage）正面許多。不過，他主要是把原住民看成潛在的「美好收成」，意思是有朝一日能受到感化、接納天主信仰的眾生。

法國人也有興趣了解原住民的政治風俗，以及他們遴選治理人員的方式。一八八二年，法國駐北京公使館前醫生艾內斯特·馬丁（Ernest Martin）在《民族誌評論》（*Revue d'ethnographie*）發表文章，用以下文字描述原住民部落的政治制度：

每個生番[37]部落都由一名頭目治理，頭目對所有其他成員行使絕對管轄權；出征和狩獵行動由他負責規畫。

頭目職務不屬於世襲，也就是說，如果頭目的兒子不具備繼承父親的職務所需的特質，他可以指定他認為適合的人選擔任這個工作。有幾個南部部落乍看似乎由女性治理；這的確是事實，不過婦女只是在丈夫的葬禮期間暫時行使治理權，等到葬禮結束，就會把權力移交給獲指定的繼任者。

也有一些情況是，部落頭目出行遠征時，把權力委託給他的

---

37 原文拼寫為cheng-fan，即未臣服於大清統治的原住民。

妻子；在丈夫遠行期間，妻子會一直擔任部落的統治者。

在平埔番[38]的部落中，每個村社都由一名人民選出的首領治理；他擁有司法管轄權，並負責解決所有爭議。

旅行者們也會思考福爾摩沙原住民族的起源：他們來自哪裡？與哪些其他文化有關？他們研究原住民的語言和體格特徵之後得到的結論是，這些原住民與馬來人和玻里尼西亞的海島民族有關。不過這項結論依據的是許多假設，並且引發諸多問題。拉伍・吉哈・德維亞勒（Raoul Girard de Vialle）曾在一八八五年的《人類學評論》（*Revue d'anthropologie*）中寫道：

馬來─玻里尼西亞人想必是透過一連串入侵行動殖民福爾摩沙，而不同殖民行動的發生年代想必相隔久遠；我認為光是以下事實就足以證明這點：雖然島上不同的山地部落具有共同的人類基底，但我們可以觀察到他們之間的差異非常大。

進入十九世紀以後，歐洲人對世界各地的「野蠻」或「原始」民族產生了一種新的偏執：他們要藉由科學證明某種人類演化理論，可用來將不同人類群體從「最原始」排序到「最進化」，而其結論當然是歐洲人比所有其他民族更優秀。十九世紀數十年間，建立這套分類方式的主要工具是人體測量學，特別是「測顱法」（測量頭顱的大小與形狀）；除此之外，當然還有膚

---

38 原文拼寫為Pe-po-fan，即生活在台灣西部平原、接受大清統治的原住民。

色——根據這種理論，膚色代表人類演化的程度，膚色愈深，演化程度就愈低。儘管所有科學觀察從一開始就否定歐洲人比較優越的觀點，但這套偽科學仍意圖確證與歐洲人的優越性有關的各種偏見，數以百計的學者在十九世紀期間鑽研這些問題，發表幾千幾萬頁的研究論文。這些研究在那麼長久的時間中如火如荼地進行，其實可能代表一個很簡單的跡象：隨著歐洲人與其他文明的來往日益頻繁，他們意識到他們假定的優越性終究站不住腳；因此，他們必須更加努力設法證明自己比較高等，例如鍥而不捨地測量人類的身體和頭顱，結果越是與研究對象接觸，反而越是發現自己與他們並無不同……在福爾摩沙，情況亦是如此，某些歐洲人試圖在「番人」身上找出自己比較優越的證據。有關「矮黑人」（negrito）——身形矮小、膚色深黑的族群——的研究格外受到青睞，因為，如著名醫生阿米（Hamy）在一八七二年由巴黎人類學會（Société d'anthropologie de Paris）刊登的一篇文章中所言，「在人類的階層順序中，這些矮小黑人占據最尾端的幾個位置之一」。總之，法國人也在尋找台灣的「矮黑人」，針對台灣是否存在矮黑人的問題，巴黎學界曾掀起論爭的波瀾。

因此，在當時與福爾摩沙原住民有關的評述中，就連那些最正面的見解也不乏這類偏見。以下段落出自法國駐廣州領事波維（Beauvais）先生的手筆，他在一九○八年寫信給一名身為人類學家的巴黎友人，並在信中對日本殖民者進一步控制台灣東部原住民的情形表示遺憾：

鐵箍越旋越緊，日復一日，我們眼看這些部族完全滅絕的時

刻逐漸逼近，而我認為我們本來應該在這些民族周圍設置的是一扇博物館櫥窗，而不是一條部隊攻防陣線。我們的舊世界就這樣遠去了。現在世界上還勉強存在些許獨特成分，能讓像您這樣的學者們開開心心，不費太多力氣就能探究人類起源的混沌蒙昧；一百年後，文明進化的程度恐怕將已從地表掃除這些碩果僅存的元素，屆時的生活不會再像現在這般宜人。

　　這種見解或許充滿善意，但同時也不免將原住民文化降格到博物館文物的等級，只能為人類演進前的狀態提供見證……。

　　此外，為了說原住民的好話，記述者經常必須說漢人的壞話，批評他們的缺點，特別是批判漢人殖民活動導致原住民被迫承受重擔（這個論點極為諷刺，因為當時法國正全面致力於打造自己的殖民帝國）。前文提到的德維亞勒在一八八五年的《人類學評論》中寫道：

　　「平埔番」[39]的稱呼雖然帶有漢人出於荒謬可笑的驕傲而給他們冠上的「番」這個字，但事實上，他們的文明程度不至於比不上出身天朝的中國農民。（……）不過我們不能忽視一個事實：這些土著受到漢人的嚴重剝削，生活非常困苦。漢人奪取他們收穫的稻米，只把番薯和山藥留給他們；當這些入侵者無法透過暴力達成這種安排時，他們會使出另一個手段——讓平埔番沉溺於鴉片；這種無可救藥的毒品令可憐的土著萎靡不振、失去判

39　原文拼寫為Pépo-hoân。

斷力，因此一旦染上這個惡習，為了得到鴉片，他們就會輕易拿土地擔保。

總歸一句，這類文字可以用來描述那個年代所有殖民國家的行為，包括法國在內……，記述者在同一篇文章的後續段落中也對某些部落的消失表達遺憾之情（原住民部落消失的趨勢在十九世紀末期已經非常明顯）：

在漢人的同化作用以及貧窮的影響下，淡水縣[40]的熟番[41]正在迅速消失。這個族群其實很勤奮，不過過於溫和，而漢人又引進一些可怕的死亡因子，包括鴉片、三酒[42]及天花。

審視出現在十九世紀巴黎的這種種探問以及披掛科學旗幟的死胡同，我們不禁想到，在這些方面，理智和智慧不見得能隨著時代進步。關於所謂「野蠻人」，或許我們應該讓距今更久的前輩蒙田（Montaigne）來做最後的評論。早在十六世紀，蒙田與一名巴西印地安人接觸後，就在他的著名文章〈談食人族〉（Des cannibales）中寫下這麼一段充滿洞見與理想化色彩的文字：

---

40 譯注：原文在此使用arrondissement這個行政區域名稱，意為「區」，在這裡應該是指「縣」，即一八七六年台北府成立時，由原隸屬於台灣府的淡水廳改制而成的淡水縣，範圍包括今天的台北市、新北市一部分（基隆地區及南部山區除外）及桃園市沿海與山區之間的部分（當時桃園沿海地區隸屬於台北府新竹縣）。
41 原文拼寫為Sek-hoân。
42 原文拼寫為sam-chou，三酒在十九世紀時指的是一種蒸餾烈酒。

然而，根據他人向我轉述的見聞，我在這個民族中找不出任何野蠻或不開化的成分，反而發現所有人都將不屬於自己習俗的事物稱為野蠻；的確，除了以我們所在地方的觀念與習俗作為典範和思考依據，我們似乎沒有其他衡量真理及理性的標尺；完美的宗教、完美的行政管理、完美而妥善的風俗習慣，總出現在我們所屬的地方。若說他們野蠻，那就像我們將大自然按其恆常韻律自行產出的果實稱為野果一樣：事實上，那些被我們用人為方式改變、從尋常秩序抽離的，才應該稱作野蠻。

第五章

法國觀光客
與士兵

雷昂‧胡瑟的台灣之旅
（一八七〇年）

　　雷昂‧胡瑟（Léon Rousset，1845-1926）從一八六八年到一八七四年在福建省福州船政局所屬學堂擔任自然科學教師。福州船政局是法國人為大清政府興建的海軍基地：當時法國與北京方面合作密切，甚至曾經成立法中聯合軍團，以對抗太平天國之亂。不過好景不常，若干年後，在一八八四年的中法戰爭期間，法國還是炸毀了當初協助清廷設立的福州船政局……

　　一八七八年，胡瑟寫了一本書，記述他多次走訪中國各地的見聞。由於他對中國認識極深，他甚至獲封四品官。返回歐洲以後，他曾任中國駐馬德里公使館祕書一段時間。

　　胡瑟於一八七〇年以觀光客身分造訪台灣，時年二十五歲。他在《縱橫中國》（*A travers la Chine*）一書中，以數頁篇幅闡述了那個時代台灣島的情況，內容相當引人入勝。他搭乘蒸氣船從福州抵達淡水，當時這個橫渡台灣海峽的航程大約需要十二個小時。

　　我剛從淡水[1]上岸，這個港口是由淡水溪[2]的河口所構成。淡水溪發源於中央山地，顧名思義是一條淡水河川，河口一帶發展出一座小村莊，於一八六四年開放對歐通商。這裡的商業活動

雷昂·胡瑟的攝影肖像，當時他在馬德里中國公使
館擔任書記翻譯官。

不太熱絡，大都由漢人商賈及船東掌控； 主要出口產品為：稻米、柑橘、糖、樟腦、樟木、麻，一種英國人稱為「中國草」（China grass）的薴麻[3]，以及靛藍[4]、米紙（所謂米紙其實完全不含米這個成分，而是從蓮草[5]的髓心切下薄層製作而成）等。淡水只有一、兩家歐洲商館設有代表，當地的外國人社區除了英國領事和海關稅務司以外，幾乎沒有其他成員。

淡水乍看似乎一下就能逛完，不過這個地方有兩個值得遊客深入探訪的景點：舊城堡和外人洞。舊城堡是一座龐大的方形磚造建築物，矗立在右岸的一處小山頭，位於港埠入口附近。這座堡壘是由荷蘭人於一六四〇年前後建造，牆壁和拱穹都極為厚實；拜這個建築特性之賜，堡壘內部一年四季涼爽宜人，就連酷暑時節也不例外。漢人驅逐荷蘭人以後，原本打算將這座建築物據為己用；為此他們在城堡所在的山丘四周修建了一道擁有雉堞的石砌城牆，並裝設大砲。不過不知何故，某天忽然開始流傳謠言，說舊港鬧鬼，夜裡會聽到許多怪異而無法解釋的聲響；中國士兵驚恐萬分，紛紛逃離，再也不肯回去。現在，有一半的雉堞城牆已經頹圮，大砲坍倒在雜草叢生的廢墟中，外圍城牆與荷蘭古堡之間的整個空間早被繁茂的植物侵占，樹木、灌木、藤蔓交織成無法穿越的濃密植被。舊城堡現在成為英國領事的寓所，因

1　原文拼寫為Tam-Soui。

2　原文拼寫為Tan-Choui-Ki。

3　即苧麻。

4　譯注：從植物中萃取的天然染料。

5　學名Aralia papyrifera。

此英國國旗飄揚在這座堅實堡壘的上方。

　　至於外人洞[6]，這是一條很長的地下洞穴，洞口位於淡水附近一處山腹，但沒有人知道洞穴內部延伸到多遠的地方；當地居民宣稱它會連到另一個類似的洞窟，洞口位於基隆[7]港附近；這是繪聲繪影的傳言？還是當地人的祖先留下來的說法？可以確定的是，這一帶的居民沒有一個人親自查證過這件事是否真確。目前這個洞穴唯一的用處是供人憑弔歷史；據說過去它曾長期被當作庇護所，最早是本土的番人會來避難，後來荷蘭人被著名海寇鄭成功（我們更常稱為國姓爺〔Ko-xing-a〕）的兇殘部眾追趕時，也曾躲到這裡。

　　淡水的氣候很不健康；這個地方永遠瀰漫著一股溼氣；隨時都會下雨；因此這裡成為痢疾、各種熱病（特別是惡性瘧疾）孳生的天堂。這種情況被歸咎於流經附近海域的黑潮[8]，黑潮使周邊的大氣層飽含水氣，而且不斷予以換新，只要北風或東北風稍微一吹，水氣就會立刻凝結成雨，可是淡水的地理位置卻又導致它無法獲得遮蔽。

◆

6　原文為Caverne des étrangers，應該是指八里渡船頭南側山邊的堀湖仙洞〔玄元洞〕。
7　原文拼寫為Ki-long。
8　原文按日文發音拼寫為Kouro-Siwo；黑潮的一個支流通過台灣海峽。

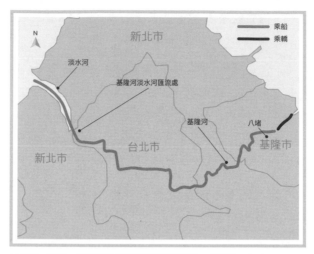

1870年，雷昂‧胡瑟從淡水到基隆的旅程路線。（繪製：Kyo）

〈從淡水溯河前往基隆〉

　　我想橫跨台灣島的整個北部，把旅程推進到基隆；在海關稅務司德璀琳（Dietring）先生的幫忙下，很輕易就有了一艘舒服的船把我載到那裡。

　　從港口溯游而上，在距離不遠的地方，淡水河由南向北流經一處很深的峽谷，通過峽谷以後，有一條從西邊流過來的小支流；我們必須沿著這條河前往基隆[9]。如果沿著主要河道繼續往上游前進，在這個匯流處之後不遠的地方，就是一個稱為艋舺[10]的大城，當地土話叫Bangka；淡水這個河口小村莊可以說是艋舺

9　譯注：如下文所述，這條河是基隆河，但基隆河是從東往西流入淡水河，而作者在此寫的是「從西邊流過來」，可推測這是記述者記憶錯誤或認知錯誤。
10　原文拼寫為Mong-Kia，即今天的台北萬華。

的濱海郊區。從西邊流過來的河流通稱基隆河，不過這個名稱並不恰當[11]；這條河流經一個充分開墾的谷地，隨著我們往前行進，谷地中的植物展現出非常明顯的熱帶性質；愈是深入內陸，植物就愈繁茂，那種景象可說筆墨難以形容；容我約略說明：在河谷的茂密叢林中，可以看到最豐富的熱帶植物世界所含的所有特有品種，包括香蕉樹、棕櫚樹、檳榔樹、五加、樹形蕨類植物等。我們輕輕鬆鬆地在這條流速緩慢的平靜小河上航行，然後水流逐漸變得湍急，河床上橫互著一些險灘；不過這些地方不難越過，不久後我們就進入一處峽谷。我無法貼切描述這座峽谷的美麗與壯觀：這裡的山體由巨大的碳質石灰岩層構成；鬱鬱蔥蔥的蒼翠灌木叢覆蓋整座山崗，從山上一路鋪陳到水邊，平靜的水面則宛如一面明鏡，倒映著這些大自然的奇蹟。這裡看到的碳質石灰岩呈灰色，看起來緊密紮實，上面分布著石灰晶石的紋理，並且充滿化石，主要是軟體動物和輻射形態動物，我在其中看到好幾個保存良好的標本。乘船的旅途在這裡結束；這條河再往上游就無法航行；而且它的源頭就在區區幾百公尺外[12]。的確，一排高山矗立在我們眼前；這是台灣島脊脈的北端；基隆位於山的另一邊，接下來的旅途要靠挑夫抬轎。儘管我對多山地區峰迴路轉的壯麗景色已經相當熟悉，但基隆地區這些長滿樹木與灌木叢的

11　譯注：這句話的意思應該是說「基隆河」這個名稱意味著這條河從基隆發源，而事實並非如此。

12　譯注：作者可能是在基隆河距離基隆最近的八堵、暖暖一帶下船（這是當時小型舢舨船的通航終點）。不過基隆河從這一帶到位於平溪附近的源頭還相當遠（超過基隆河長度的三分之一），因此不只是數百公尺。

山巒所展現出的一種宏偉而蠻荒的特質，依然令身在其間的我感到無比震撼。來到山巔，基隆的海灣頓時在腳底開展，海灣中散布著礁岩，兩側是向大海延伸的巨大海岬，而在海灣盡頭，也就是我們所在的這座山的山麓，已經發展出一座小型的中式城市。面對此情此景，一種難以形容的感受油然而生。不過，在下山途中，魔力逐漸消失；風景格局縮小，山巒之間的距離拉近，慢慢遮蔽了海洋的景色，小城失去遠望時所呈現的詩意，顯露出多數中國城市破敗、不衛生的庸俗樣貌。

要不是因為附近有煤礦開採，基隆會是個無足輕重的地方；這個城市的商業活動幾乎只有煤礦出口。歐洲人在基隆定居是最近幾年的事，人數極少，淡水的歐洲人社區規模已經夠小了，這裡的規模更小。我受到海關稅務司羅伯特・霍夫（Robert Hough）和年輕的英國副領事馬嘉里（Margary）先生的熱情接待。馬嘉里原本前途一片看好，不久前卻不幸在雲南遇害[13]。派任基隆期間，他的行事時時體現勇氣與仁愛，至今令人深深緬懷。一八七二年間[14]，一艘停泊在基隆港的法國商船「阿岱爾

---

13 譯注：此即一八七五年的馬嘉里事件（又稱滇案），事件導致英國駐華公使館書記翻譯官馬嘉里（Augustus Raymond Margary，1846-1875）被殺。英國於一八七四年（同治十三年）與清朝商定，從當時為英國殖民地的緬甸派員探勘緬甸到雲南的交通路線，次年（光緒元年）英國駐華使館派馬嘉里從北京前往滇緬邊境，與英國隊伍會合。從緬甸出發的英國探險隊（含英軍及探測隊）未事先知會，進入雲南後引起疑惑，當局組織軍民阻攔，交涉過程中發生衝突，馬嘉里及其中國隨員遭擊斃，探險隊退回緬甸。這起衝突釀成外交危機，最終中英雙方於一八七六年簽署煙台條約，內容包括清朝派官員赴英致歉並留駐英國，成為中國派員長期駐外的開端。

14 譯注：胡瑟旅台是一八七〇年的事，因此胡瑟是將後來聽聞的馬嘉里生平事蹟寫進《縱橫中國》（該書首版於一八七八年問世）。

號」（l'Adèle）遭遇強烈颱風襲擊；雖然全體船員奮力搶救，但在滔天巨浪的沖擊下，小小的商船很快就拖著船錨，向港灣中的一處岩礁漂移，然後船底猛然衝撞上去。每次大浪襲來，船就猛烈撞擊一次，一塊船體隨之剝落，船隻進一步損毀；眼看阿岱爾號就要全部解體，帶著船上所有人員一同消失在大海的深淵。馬嘉里先生憑藉單純的勇氣與奉獻精神，在腰間繫了一條繩索，不顧一切地投身入海；兇猛的海浪將他拋回岸邊數十次，但他從不洩氣；努力沒有白費，他終於成功抵達阿岱爾號的殘骸；他設法將繩索一端綁上船身，讓繩索成為遇難商船與陸地之間得以往返的生命線，原本以為必死無疑的落難船員就這樣全數獲救。如此令人欽佩的犧牲奉獻，無論源自何處、發生在何方，都令人永遠懷念；我們對此保有深切記憶，也無法忘懷馬嘉里先生給予我們的熱忱招待，如今人間失去了他，我們感到萬分遺憾。（……）

福爾摩沙的漢人精力充沛而有幹勁；不過因為享有相對獨立，他們變得比較騷動。還有一個可能原因是，流在這些人身上的血液是從海寇鄭成功（國姓爺）的同袍們那邊傳承而來的，因此保有某種當年激發那些硬漢冒險家的精神——狂野的熱情、對規則與紀律的蔑視。無可否認的是，他們的民風令造訪福爾摩沙的中國人感到驚駭；打架滋事、村莊之間的械鬥事件屢見不鮮；在福州人眼中，這裡的婦女所享有的自由顯得離譜至極，而且這種自由造成的結果並不會鼓勵人們支持婦女解放。居民的主要活動是農務勞動和墾殖工作，他們比較沒有意願讀書，讀書人的比例比起中國其他地區相對偏低。與中國的情況相反，這裡的沿海地區居民比較溫和而且容易相處；越往內陸，居民就越魯莽；這

也無可厚非，因為內陸地區的漢人必須對抗大自然和野蠻原住民族的威脅，有時他們不得不用武力擊退原住民的入侵。不過一般來說，漢人和原住民相處得還算和睦，而透過一種不成文的協定，雙方之間保留了一個作為緩衝的地帶，只有在交易各自生產的物品時，他們才會進入那個區域。（……）

　　一八七四年間，日本為了替軍事階級的過度激情與不滿情緒尋找對外出口，遂以一艘來自琉球群島[15]的戎克船在台灣東岸外海失事為藉口，決定進犯台灣。日方宣稱有數名遇難人員被原住民吃掉，而漢人沒有能力或沒有恰當手段懲罰犯行者，於是日本派遣一支遠征軍，在瑯嶠[16]的海灣登陸。日軍大舉擊敗這個地區的一些原住民部落以後，作勢要在該地建立永久據點。最初，這次遠征行動應該帶有相當宏大的企圖，不只是為了懲罰一群食人族；不過，後來日本人自己大概也很害怕這場冒險可能把他們捲進難以處理的複雜情況，於是他們只要求中國賠款，就撤回了日本。不過，中國人沒有忽略這起事件的警訊；從那次以後，他們就竭力使福爾摩沙東半部臣服於他們的主宰之下，很可能不出幾年，他們就會完成征服任務。中國人甚至更進一步，他們已經開始認真思考如何開發島上的礦產資源，而且由於他們體認到這個殖民地非常重要，他們在各個主要地點修築堡壘，打算讓福爾摩沙脫離福建管轄，升級為省。

15　琉球在原文中按漢語發音拼寫為Liéou-Tchéou。
16　原文拼寫為Liang-Kiao，即台灣南端的恆春。

法國人在台灣征戰
（一八八四年）

　　下文各記述者帶來的當然是一八八四至一八八五年中法戰爭的法國觀點。也就是說，一個法國擊潰中國大軍、取得勝利的光榮版本。不過在當地，法國軍人的情況其實非常悲慘，不只有許多人陣亡，在基隆和澎湖有更多人死於疾病。而且，當我們詳細看到伴隨這支遠征軍的勝利而來的種種殘酷惡行，我們會發現事實遠遠稱不上光榮。

　　中法戰爭於一八八三年因東京（Tonkin，越南北部的舊稱）的控制權問題而爆發，法國希望將東京置於其保護下，中國拒絕，於是出兵攻打。為了迫使中國接受法國在清帝國領土周邊出入，法國海軍陸續發動多次軍事行動：一八八四年八月轟炸十多年前中法合作興建的福州軍港；一八八四年十月一日登陸並占領基隆，同時企圖登陸淡水（但遭清軍擊退）；占領澎湖；封鎖通往中國北部的稻米運輸……與此同時，雙方也在中國沿海和越南東京地區持續發生直接衝突。中法雙方最後在一八八五年四月簽訂停戰協定，六月又簽署和約，承認東京接受法國保護，法軍則於同月將基隆及澎湖歸還中國當局。

　　現在，雖然這場戰爭基本上已經從法國的集體記憶中消失，但當年曾獲得廣泛報導，並在人民的想像中樹立起一些為

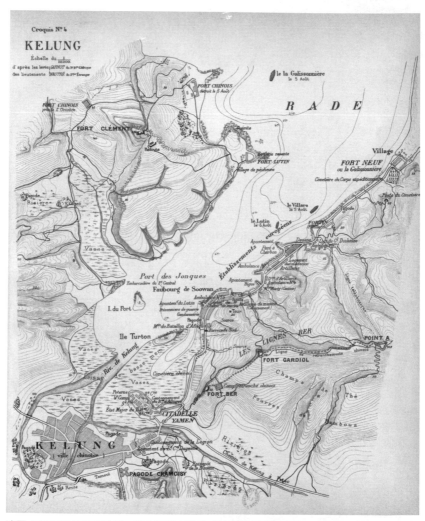

法軍占領期間的基隆地圖。出自嘉諾上尉的《法國遠征福爾摩沙，一八八四——一八八五》
(*L'expédition française de Formose 1884-1885*)。

法軍地圖上標示的「A點」砲台，位於基隆一處制高點（今中正公園附近）。法國海軍軍需官安德烈・薩勒（André Salles）攝，一八八四年或一八八五年。

從法軍地圖上標示的「B點」（今主普壇附近）拍的基隆全景圖。法國海軍軍需官安德烈・薩勒攝，一八八四年或一八八五年。

法軍轟炸淡水。法國海軍工程師侯雷‧德里爾（Rollet de l'Isle）繪，一八八六年。

拓展殖民帝國而奮鬥的法國英雄形象，特別是孤拔將軍（amiral Courbet）這個極具象徵意義的人物。

　　孤拔將軍是這場征戰的軍事首領，一八八五年六月十一日病逝於澎湖馬公。在這場軍事衝突的幕後，可以看到許多來自法屬非洲殖民地的水手和士兵、為法軍效力的不同國籍的外國傭兵（人數最多的是德國人），以及越南苦力；而在這些外籍戰士中，許多人都為法國殖民事業而失去性命。中國正規軍、協助大清作戰的黑旗軍，以及被捲入這場衝突的平民之中，也有很多人犧牲。轟炸、刺刀戰鬥、法國軍人的破壞和掠奪；法國士兵的頭顱被砍下，高舉在淡水街頭示眾……戰爭雙方犯下的殘酷惡行罄

孤拔將軍視察基隆前哨。法國海軍工程師侯雷‧德里爾繪,一八八六年。

竹難書。

　　法國人攻占基隆的過程比原先預料的複雜許多。清軍一直固守市區周圍的高地,使法軍的活動範圍侷限在谷地。因此,儘管法軍占領了基隆,並建立了據點,但情況很快就開始變得不利於法方。士兵罹患傷寒熱和一種被含糊稱為「樹林熱病」的惡疾,接二連三地死亡。「樹林熱病」其實就是霍亂,不幸得到這種病的人會在一天之內猝死,眾人對它感到極度恐懼,連它的名字都不敢說出口。共有二十名軍官和超過五百名士兵罹病死亡,被埋葬在基隆;澎湖的死亡人數也很高。

　　法軍占領清軍的堡壘,以及私人住宅、官府建築或廟宇,例

如「克拉莫瓦吉廟」（pagode Cramoisy，應是指開漳聖王廟奠濟宮；作戰期間，法軍用指揮官的名字稱呼他們占用的指揮所）。他們摧毀周圍的街區，一方面是為了方便看到敵軍到來，另一方面則是為了從廢墟中取得木柴。不過就算做了這些，基隆的主要王牌——煤——卻發揮不了作用：本地生產的煤炭無法為遠征軍船艦的蒸汽機提供動力，因為它燃燒得太快，而且產生太多火焰，第一次在艦隊中的一艘船上使用時甚至引發小規模火災，結果煤炭必須從香港運來才行！

就連民生物資也不例外，一個在香港經營雜貨生意的法國人馬諦（Marty）乾脆載了一船貨物——包括醃漬食品及各種其他商品——到基隆定居，做法國軍人的生意，不過由於售價高昂，導致他跟水兵屢次發生衝突。

一八八五年三月，駐紮在基隆的法國遠征軍團終於漸入佳境，疫病也不再嚴重肆虐，於是軍方決定占領漁翁群島（澎湖）。三月二十九日，法軍在越南東京的戰況忽然惡化，亟需補充兵員。軍方決定守住澎湖，但不得不撤出福爾摩沙。與此同時，法軍在東京的困境導致法國總理茹費里（Jules Ferry）的內閣倒台，新任政府終於決定與中國議和。一八八五年四月六日，法軍已經開始從基隆撤退，結果孤拔將軍卻被要求停止撤軍，在前一天棄守的各處堡壘重新設置大砲，靜待協商結果……

與中方的停戰協議於四月十五日生效。值得一提的是，這個條約是由法國當局與清廷代表金登幹（James Duncan Campbell，詹姆斯・鄧肯・坎貝爾，一名服務於中國海關的蘇格蘭人）在巴

「克拉莫瓦吉廟」（pagode Cramoisy），應是指開漳聖王廟奠濟宮。此插圖出自嘉諾（Eugène Garnot），《法國遠征福爾摩沙，一八八四─一八八五》（*L'expédition française de Formose 1884-1885*）一書。

黎協商和簽訂的。對福爾摩沙的封鎖就此解除，不過法軍一直到和約正式簽署才撤出在台占領區。和約於六月簽署，法國無法保留在這場戰爭中攻占的任何土地，必須撤離基隆和馬公。一八八五年六月十一日，法軍已經展開撤退作業，這時孤拔將軍驟然撒手人寰，令深深敬愛他的士官兵不勝唏噓。

多名軍官用文字記錄他們在這場戰爭中的經驗，並出版成書。在此精選嘉諾（Garnot）上尉和羅瓦爾（Loir）二副的幾段見證，這些段落的重點不是戰爭本身，而是法國軍人與台灣人民和環境的接觸。本章收錄的插圖及照片也是法軍艦隊軍官們的作品。

歐仁・嘉諾（Eugène Garnot）上尉用以下文字描述遠征軍在占領基隆期間面臨的各種困境。

遠征軍待在當地的那年冬天（一八八四年底到一八八五年年初），天空幾乎永遠烏雲密布，太陽露臉的日子大概不到十天。厚厚的雲層瀰漫到地面，凝結成霏霏細雨，看似濃霧，但卻無孔不入，一切都被濡溼。我們管它叫「水平雨」，因為它彷彿橫向飄來，一層層慢慢落在地面。沒有什麼能逃過這種溼氣的作用。個人物品再怎麼仔細收進行李箱，不出幾小時，就會鋪上一層如假包換的黴。

一八八五年六月，一陣颱風在幾分鐘內就掀掉供基隆南側堡壘駐軍作為營房使用的堅固竹屋。

二副莫里斯・羅瓦爾（Maurice Loir）用以下文字說明

孤拔將軍的艦隊攻取馬公。愛督瓦一馬里・亞當（Edouard-Marie Adam）繪。（圖片來源：Wikimedia Commons）

巴亞爾號（Bayard）在馬公啟航，將孤拔將軍的棺木運回法國。海軍軍需官安德烈・薩勒攝，一八八五年。

基隆情景。此二圖出自海軍二副莫里斯・羅瓦爾（Maurice Loir）於一八九四年出版著作的插圖。

一八八四年十一月法國部隊占領基隆期間衛生情況的惡化。

　　雖然敵軍環伺，不過這卻不是總指揮官最煩惱的事。衛生狀況變得非常糟糕。在十月一日登陸的一千六百名官兵中，只剩區區一千人有作戰能力。十一月底時，設在海關房舍中的醫院收治了將近三百五十名病患。其他病患不是死亡就是已經後送回法國。將軍寫道：「兩個月以來，我軍死亡人數已達二十分之一，相同數目的人員後送療養，此外還有很多患病或免除勞務的人員。總而言之，在原始兵員中，只剩不到三分之二有能力上戰場。」這些人的死因是什麼？包括各式各樣的疾病，不過他們用低調的婉轉語指稱其中最主要的一種病，醫生使用的名稱是「畏寒症」，士兵則只是把它叫作「那種病」，彷彿「霍亂」這個名詞太恐怖，他們既不願說出口，也不想聽到。

　　對法國軍人而言，基隆市本身並不怎麼討喜；何況經過他們的大舉轟炸和焚燒，這個城市更不可能讓人覺得舒服⋯⋯理所當然地，當地人民不會展開雙臂歡迎這些入侵者，儘管經過一段時間，這個地區的居民與占領軍之間還是開始出現一些商業往來。嘉諾上尉寫道：

　　在市區外圍，幾座依傍著百年老樹興建的孤立廟宇讓人得以脫離髒亂得令人作嘔的中式街道，暫時紓解身心。這個城市擁有一座相當壯觀的廟宇[17]，位於市區北側，與海灣相望。入口兩側有兩條用花崗岩雕刻的大龍，看起來相當奇特。在幾步以外的地

方，在海邊泥灘裡，沉睡著幾門精雕細琢的老舊銅製艦砲，砲身上有查理‧昆特[18]統治時期的銘文。

占領基隆之後的最初幾天，本地居民對我們的態度感到放心，所以他們留在城內照常生活，甚至在某個程度上與我們的士兵友善交流。不過不久後，居民在地方官員的要求下，帶著貴重物品，完全撤離我們周邊的地區，並在即將展開的無情戰爭中加入清軍行列。市區很快就完全荒廢，白天只有我們的武裝勤務[19]會去巡查，並拆取房屋構架作為木柴儲備；夜裡則有敵方人員流竄，試圖突襲我們的衛哨。在半毀的商店中，透過殘破的隔牆，可以看到裡面的家具殘骸，那些家具在片刻滿足士兵的好奇心以後，就慘遭他們的鞋跟踢毀。家庭用具、彩釉陶器、造形奇特的漆器家具、竹製座椅、寫滿金色文字的長形招牌、被破壞的佛像肢體和上身、多彩薄膜燈籠、商家的帳本等等，凌亂散落街頭，任憑行人踐踏；火燒後的刺鼻臭味摻雜著毀損房屋隱隱散發的麝香和鴉片氣味。

清軍將領懸賞法軍的首級：殺一名法國士兵可以拿五十兩白銀，相當於三百五十多法郎。莫里斯‧羅瓦爾這樣寫道：

17　可能是和平島天后宮。
18　譯注：法文中的查理‧昆特（Charles Quint）即神聖羅馬帝國查理五世（Charles V，1500-1558），即位前通稱奧地利的查理。查理曾任西班牙國王。他是哈布斯堡王朝爭霸時代的主角，任內為西班牙揭開「日不落帝國」時代。嘉諾提到的艦砲可能來自西班牙於十七世紀在和平島蓋的聖薩爾瓦多城。
19　負責處理雜務的士兵。

懸賞法軍首級的做法導致無以名狀的恐怖。中國人會在夜裡破壞新墳，挖出裡面的屍體，把頭顱砍下。我方不得不搭起帳篷，設立哨所，以便看守墓園。這種對死者的褻瀆使法國軍人高度憤慨，於是有些人決定採取正當報復。他們假裝埋葬死人，砲兵在棺材中放入兩顆炸彈，並安裝某種機制，試圖讓引信在棺蓋打開時點燃。隔天夜裡，獵頭者被發現在墳墓附近出沒。衛哨任由他們完成他們的駭人任務；可惜炸彈沒爆，不過這群陰森的黑夜勞動者還是被當場槍斃了。

一八八五年三月，儘管法軍已經折損許多官兵，不過在衛生、士氣和作戰成果各方面，法國人在基隆的情況都已經改善。嘉諾上尉的記述開始顯得比較正面：

熱帶的陽光還不至於令人難受，而且給鄉村帶來無以比擬的清新和光采。

福爾摩沙展現我們至此尚未見識過的風貌，「美麗島」果然名不虛傳。市區仍舊處於棄置狀態，不過看到他們的同胞已經離去[20]，周邊地區的一些農人感到安心，紛紛回到法軍占領區；他們在基隆和桌山[21]附近開設市集，販賣種類繁多的地方產品。士兵現在被妥善安置在堡壘中的草棚底下，或在市區清理乾淨的房屋裡；他們享有高額薪餉，充足衛生的食物，每天在土方工程和

20 譯注：指清軍及官員撤離，此前當局不准民眾與法軍接觸。
21 位於今天的天外天花園墓園附近。

從棕櫚島（ile Palm，即現在的和平島）眺望的景致。海軍軍需官安德烈·薩勒攝，一八八四年或一八八五年。

小規模搜索任務間忙得不可開交；部隊對最近的戰功感到非常驕傲，並且獲得滿滿的褒獎，顯得精神抖擻、活力十足。

　　一八八五年四月實施停戰以後，戰鬥雖然中止，不過法國部隊仍然留在基隆，一直等到六月分和約生效，法軍才正式撤離。嘉諾上尉寫道：

　　居民獲准返回基隆；不過由於大部分房屋的木造結構早已被我軍勤務兵拆下來當作柴薪，市區滿目瘡痍，難以誘使他們回流，他們寧可先等我們離開。只有淡水谷地的農民以及海岸地帶

基隆的港灣和市區，此二圖為從「克拉莫瓦吉廟」（pagode Cramoisy，基隆市中心的開漳聖王廟奠濟宮）後方高處眺望之景。海軍軍需官安德烈·薩勒攝，一八八四年或一八八五年。

淡水的漁夫。海軍軍需官安德烈‧薩勒攝，一八八四年或一八八五年。

和棕櫚島[22]的漁民會大量湧到天天開張的市集，使得市集很快就有了超乎預料的規模。市集的熱鬧與前些日子的孤寂和荒涼形成異常奇特的對比。這個市集設在海灘上，位於火砲陳放場對面[23]。

天剛破曉，許多舢舨船就穿越海灣，載來夜裡捕撈的漁獲：龍蝦、幼鯊、鰹魚，還有其他一些奇異的魚種，其中有些體型非常大。這些漁產價格極其低廉，因此我們可以買來當基層士兵的伙食。有一種魚特別激起士兵的好奇心，他們給它起了綽號叫

22　ile Palm，即和平島。

23　可能是現在的基隆港西岸南櫃場入口一帶。

福爾摩沙海岸的漁夫，在一艘法國海軍艦艇上，海軍軍需官安德烈·薩勒攝，一八八四年或
一八八五年。

「鸚鵡魚」。這種魚的身體彷彿是由大片大片的紅色、藍色、綠色和黃色魚肉以不規則的方式構成；吻部（或者應該說是鼻部）的形狀看起來跟鸚鵡的喙部一模一樣。這種魚在基隆海域很常見，而且好吃極了[24]。

農人帶到市場販售的產品有小雞、鴨、新鮮蔬菜，和一些被冠上生菜這個名稱的奇特野草，他們的所有貨品都是裝在兩個吊籃中挑過來，吊籃看起來像磅秤的秤台，掛在一根橫過他們肩膀的竹竿上。為了承受物品的擺盪，他們左右搖晃，用一種怪異的動作踩著小步前進。肉品包括小山羊和許多背脊呈凹狀、頰部和腹部拖到地面的豬。這種豬全身黑色，體型很小，乍看不是很靈活，實際上卻出奇地敏捷。漢人把牠們關在竹子編成的長形籠子中，掛在長竿上，看起來完全像在運送大包裹，只是內容物會發出吵鬧的抗議聲，可說是名副其實的活包裹。

武裝勤務會在這段時間從堡壘出來走動。外籍軍團士兵、非洲部隊的輕裝兵、海軍士兵和砲手胸前掛著步槍或短筒火槍，在喧囂嘈雜的本地人群中穿梭。這些人都有點火爆脾氣，雖然有憲警在場，但商販和顧客之間三不五時就會爆發爭吵。大兵們設法用一點他們在東京[25]學到的安南話表達意思；外籍軍團士兵和「澤非爾」[26]則聲稱他們能用阿拉伯話跟本地人溝通。一種交雜法語、中國話、安南語、阿拉伯語和德語的混合語言逐漸形成，

24　很可能是指鸚哥魚。

25　譯注：如前文所述，此指越南北部。

26　zéphyr，非洲紀律部隊（由罪犯與違反軍紀而受懲罰的軍人所組成的部隊）的士兵。

怪異至極，語言學家聽了肯定猛打寒顫。交戰日的忙亂和躁動已經成為過去式，隨之而來的是規律得幾乎單調的駐地生活。

莫里斯・羅瓦爾則描述了駐澎湖法國軍官對中國古董開始產生的強烈興趣。

在馬公，染上古玩收藏癖的軍官很容易找到消遣。澎湖島廟宇林立，裡面有取之不盡的鍍金木質佛像和雕像，以及各式各樣的珍奇物品，就連和尚自己——老天饒恕！——也不惜把這些東西賣了賺錢。古玩收藏癖具有傳染性：它慢慢散播到整個部隊，後來每個人都會上岸蒐集他想要的珍玩和紀念品。有一天，我們甚至看到一名平時行事莊重的優秀艦隊神父趾高氣昂地抱著一尊非常精美的佛像回來——原本那可是某間異教徒廟宇裡面的裝飾啊！

占領軍的士兵雖然在法軍陣營作戰，但他們來自不同國家，有時會動起投效清軍的念頭。嘉諾上尉寫道：

外籍軍團發生過幾次叛逃事件。一名德籍逃兵越過前哨以後遭到逮捕，於五月十一日被槍決。由於中國軍隊以高薪和晉升軍官的前景作為利誘，鼓動我軍叛逃，軍方希望這次懲戒足以遏止這種趨勢。

一八八五年六月三日，中法雙方簽訂和約。「福爾摩沙軍

古玩蒐集癖。出自海軍二副莫里斯‧羅瓦爾一八九四年出版著作的插圖。

團」於一八八五年六月二十日從基隆撤離完畢。嘉諾上尉的記述
如下：

　　同一天，艦隊指揮官與清軍將領在加里松尼爾號（La
Galissonnière）上會晤。中方參謀團經由淡水路[27]進入基隆。在安
靜無聲的士兵面前，他們通過我方營區，受到我方外籍軍團和
非洲部隊號手吹奏戰場號[28]歡迎；看到清軍對抗的敵人人數這麼
少，卻無法戰勝，參謀團顯得非常驚訝。這些大清帝國將領坐在
轎子上前進，身邊有專屬的警衛保護，他們是一些健壯俊美的漢
人，身穿紅色長袍，佩帶霍奇克斯（Hotchkiss）卡賓槍，不過無
庸置疑的是，這些槍枝的保養看起來亟待加強。他們後方有一名
三十來歲的歐洲人，他也坐在轎子上，在場的法軍士兵對他投以
不客氣的注目禮。據說他是美國人，擔任中國砲兵總監。一行人
抵達棧橋碼頭，準備登上艦隊的小艇時，值勤軍官禮貌地請那位
歐裔人員留在岸上，與護衛隊員待在一起；他在那裡無可避免地
被迫聽到我方士兵間此起彼落的嘲弄。

　　這場會晤進行得極其順利。雙方討論遠征軍團撤離的相關細
節，並議定法軍於二十一日上午分梯次撤退。清軍預計在我方撤
出一小時後開始漸次占領各處陣地。（……）

　　二十一日上午八點，登艦作業全部結束，無數清軍旗幟已經

27　約今日基隆獅球路一帶，意思是從淡水或台北走基隆河，然後越過獅球嶺到基
　　隆。
28　譯注：戰場號（sonnerie aux champs）是法國軍隊的制式號角聲之一，用於歡迎四
　　星以上將軍、總統或其代表（如大使），以及其他國家最高階政要。

樹立在我們剛棄守的山頭。（……）

我們在這片環境險惡的土地上停留了將近一年，但一切已成追憶。在加里松尼爾碉堡後方，隱約可見我軍墓園[29]，在離別的日子裡，這個景象令人黯然神傷。軍官、士兵、海員、外籍軍團成員、「澤非爾」，有些人死在戰場，有些人受傷，科學技術和醫療人員的奉獻都無法挽回他們的生命，還有許多人因為生病或戰役的辛勞而死，他們都為國捐軀，此後將孤獨留在這個距離祖國四千里的遙遠他方。最早的墓誌銘顯示的日期是一八八四年十月；到了一八八五年，他們的數目已經足以自成一個小小世界。超過五百具遺體排列在這個侷促空間中。至於這些遺體的照看以及墳墓的養護，我們只能託付給勢不兩立的敵人，並指望他們寬宏以對；而這些死難者留給我們的只有回憶，讓人憑弔他們曾經參與祖國命運的光榮事蹟。

在法國駐福爾摩沙遠征軍團的成員中，有些人後來闖出很高的名氣。舉例而言，當時擔任海軍軍醫的阿爾貝・卡爾梅特（Albert Calmette）在多年後發明了第一種用來預防結核病的疫苗——卡介苗（全名卡爾梅特—介藍桿菌〔Bacillus Calmette-Guérin〕疫苗，在法國簡稱BCG，中文則按兩位發明人的姓氏首字稱為卡介苗）。約瑟夫・霞飛（Joseph Joffre）當時擔任軍事工程師，負責組織基隆占領時期的後勤補給；多年後，他在第一次世界大戰期間成為法軍總指揮官。擔任二副的朱利安・維

29　現在成為「清法戰爭紀念園區」。

LÉGION ÉTRANGÈRE. (Kelung.)

基隆的外籍軍團士兵。法國海軍工程師侯雷・德里爾繪，一八八六年。

奧（Julien Viaud）當時已經是一位知名作家，筆名皮耶‧羅逖（Pierre Loti）。

　　一八八三年間，皮耶‧羅逖在《費加洛報》（*Le Figaro*）發表文章，描述法國軍人在越南犯下的種種惡行，而這些行為明顯不符合殖民主義作為文明媒介的概念；羅逖因此被召回巴黎，面臨受懲處的危險。不過，儘管羅逖描述了這些惡行，並且說明有些軍人在戰鬥所導致的瘋狂結束以後，會對自己犯下的暴行感到懊悔，但他並沒有譴責這種極端暴力；他在一八八三年十月十七日的《費加洛報》中表示：「無論如何，在遠東地區，那一切都是戰爭的法則。況且，當一小群人來到一個幅員遼闊的國家，設法將自己的法律強加於當地時，他們必須殺死很多人，製造很多恐怖，要不然喪命的會是自己。」

　　最後軍方沒有懲罰羅逖，他在隔年被送回戰場，加入孤拔將軍在澎湖的艦隊。他後來出版的文字，以及他在記事本中寫下的筆記，雖然不脫法國軍人的觀點，而且不斷將他們描寫為英雄，但無可諱言，這些記述持續以直截了當的方式闡明了那場戰爭的恐怖之處。

　　啊！福爾摩沙島！有誰敢講述我們在那裡的壯偉事蹟，有誰敢為葬身當地的烈士撰寫名錄？那一切發生在所有形式的痛苦中：暴風雨、酷寒、溽暑；困苦、痢疾、熱病。然而，那些勇士從不抱怨；有時他們沒有進食，無法睡覺；在清軍的槍林彈雨下出了可怕的勤務以後，他們筋疲力竭地返回營區，可憐的衣服已被基隆無休無止的雨浸溼；——可是驟然間，只因為事態迫切，

他[30]卻下令他們重新出擊。奈何！他們打起精神服從命令，舉步重返戰場；然後，為了徒勞無功的國家大業，他們在莫名的戰役中倒下，而法國一味沉溺在微不足道的選舉爭鬥和內部矛盾中，幾乎連一個漫不經心的眼神都不會投給正在死去的他們。

除了海軍士兵的家人以外，在我們國家，這光榮而可憐的福爾摩沙艦隊又會讓誰無法安眠、作樂？

（本段文字擷取自〈關於孤拔將軍的死〉〔Sur la mort de l'amiral Courbet〕一文）

在羅逖未打算出版的日記中，他這樣描述了他在馬公的第一天：

星期三在馬公度過。這個城鎮已被艦隊摧毀，所有房屋都遭到破壞、焚燒；瓦礫堆積如山。我們走在各式各樣的碎塊上，腳踩瓷花瓶、遮陽傘、絲綢布料的破片。雖然死屍已經移除，周遭仍舊瀰漫一股可怕的氣味；清軍戰俘、殘存的居民組成了工作小隊，在步槍上了刺刀的水手或士兵帶領下，忙著清除瓦礫、搬運煤炭。到處可見我方人員在廟宇中棲身，精美的雕塑、鍍金的木作棄置一地，準備集中焚燒……在一片稻田中，幾座用黑色木材臨時製作的十字架已經立起，清軍戰俘還在那裡繼續挖坑，用來埋葬我方每天因為受傷、熱病，尤其是罹患霍亂而死在野戰醫院裡的人，放眼一片陰森恐怖，一切顯得慌亂混雜，死亡的氣息揮之不去。

---

30 指孤拔將軍。

馬公一景。海軍軍需官安德烈‧薩勒攝，一八八四年或一八八五年。

原圖的圖片說明是「馬公台地的漢人民居」，事實上這是馬公的文石書院，日治時期改為澎湖孔廟。法國海軍軍需官安德烈‧薩勒攝，一八八四年或一八八五年。

馬公北方的廟宇和居民（在澎湖文澳城隍廟前）。海軍軍需官安德烈‧薩勒攝，一八八四年或
一八八五年。

攝於馬公風神廟（此廟後於一八九九年被拆除建校）前的五名法國海軍軍官與一名當地人（圖左。此人也可能是來自越南的雇員）。海軍軍需官安德烈‧薩勒攝，一八八四年或一八八五年。

馬公以北一座村莊的漢人居民。海軍軍需官安德烈‧薩勒攝，一八八四年或一八八五年。

馬公漁民。海軍軍需官安德烈‧薩勒攝，一八八四年或一八八五年。

第六章

日本帝國統治
時期

與川上將軍出巡台灣
（一八九六年）

時間來到一八九六年。前一年，日本剛擊敗中國，雙方簽訂《馬關條約》，台灣被割讓給日本。法國從一八六七年就開始與日本軍事合作，特別在培養軍官方面貢獻卓著。原本法國與中國也有性質相同的合作關係，但因一八八四年的中法戰爭而中止。

就在日本統治台灣的第二年，三十七歲的法國駐東京大使館少校武官皮摩丹伯爵克羅德‧德拉黑古爾‧德拉瓦雷（Claude de Rarécourt de la Vallée, comte de Pimodan，1859-1923）受邀參與川上操六將軍的視察旅行。川上操六是日本最重要的軍事將領之一，這次出訪行程的首站是福爾摩沙，他在基隆登陸，目的是了解這個新的日本殖民地有什麼秩序維持方面的問題。其後他會轉往東南亞的法國和英國殖民地，藉此研究歐洲國家的「綏靖」方法，以了解他們如何平定當地人民的叛亂。

一八九六年出訪期間，皮摩丹少校在福爾摩沙和漁翁群島拍攝了一些照片，並在返回日本不久後出版精美的攝影集，其後又透過一九○○年問世的一本書，將那趟旅行的日記公諸於世。雖然他在台灣停留的時間相當短，而且記述內容包含不少偏見，不過這個文本仍然是充滿興味的直接見證，讓讀者一窺日本占領台灣最初期的實況。

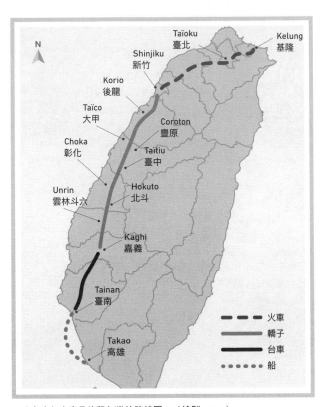

一八九六年皮摩丹停留台灣的路線圖。（繪製：Kyo）

COLONEL IDITTI.

Lt. COLONEL MOURATA.

S. E. LE GÉNÉRAL VICOMTE
KAWAKAMI.

COMMANDANT AKASHI.

Mr. SEKIYA.

皮摩丹陪同赴台的日本官員肖像。出自皮摩丹所著《福爾摩沙與漁翁群島的回憶》
（*Souvenirs de Formose et des îles Pescadores*）一書，一八九六年出版。

一八九六年十月。

福爾摩沙剛發生一場動亂，雖然表面上當地似乎大致恢復平靜，其實情況仍舊動盪，到處瀰漫不安。

獲封子爵的參謀本部次長川上操六將軍幾天後將出發視察福爾摩沙和漁翁群島，接著轉往印度支那、緬甸等地訪問。他預計先在福爾摩沙調查日本人最近在當地遭遇的各種困難，然後到歐洲人的殖民地看看他們面臨類似問題時採取什麼樣的處理方式。

全程陪同川上將軍的人員包括伊地知上校、村田上校、明石少校及文職祕書関矢先生。另外，在視察福爾摩沙期間，還有軍需總長野田男爵、陸軍醫療處處長石黑男爵以及其他數名軍需官和醫官隨行。

我個人很榮幸成為他的出訪團隊成員，直到他抵達印度支那為止。

我也有個小小的隨行陣容，包括忠實可靠的通譯多和田，以及暱稱「小銀」的隨從加藤銀二郎。小銀除了是我的貼身僕人之外，也擔任我的廚師。（……）

◆

十月二十二日，基隆[1]。

這個島嶼剛開始令人覺得有點沉悶。

荒瘠的山丘環繞著基隆的港灣，岩石從低矮的樹叢中突現出

1　原文拼寫為Kelung。

來；船隻停泊在港內錨地，一些看起來不太衛生的簡陋房屋集結成一個個小群落，散布在海岸地區，共同組成一個有一萬人口的城鎮。

在港灣中央的一座海岬上，還可以看到一座西班牙或荷蘭城堡的遺跡，各處高地上留有過去的中國砲台，還有一個法國墓園可供憑弔我國遠征到此的事蹟。

一條小鐵路從基隆通往六十公里外（實際上大約只有三十公里）的台灣首府台北，鐵路坡度相當陡，而且曲線半徑很小，看起來彎彎扭扭。

這條鐵路是在日本據台以前由畢第蘭伯爵（comte de Butler）所建造的，他原本是一名巴伐利亞軍官，後來擔任台北機器局監督，在台期間積極介入所有重要的工商發展事業。

鐵道沿線的山坡長滿高草或荊棘，谷地遍布稻田，低坡上則是茶園。

風景不怎麼特別，所幸偶爾可以看到高大的蕨類植物、瑰麗的美人蕉和羽毛令人驚豔的鳥兒。

安靜的水牛緩慢走動，或在經過水塘時拖著笨重的身軀戲水。牠們對本地人很馴良，不過據說對穿歐式服裝的人非常不友善。

在一處車站附近，我看到一個不久前在一場戰役中被燒毀的村莊，據說是因為有人造反，攻擊鐵路員工，導致當局出兵征討。這種暴力攻擊其實經常發生，因此沿線制高點上都設有警戒崗哨。

與一般認知相反，日本人的真正敵人不是福爾摩沙內陸地區

的番人，而是從前的清軍成員，他們稍微接受過軍事訓練，而且擁有一些武器，從傳統的長槍到連發毛瑟槍都有。他們形成有組織的隊伍，而且可以指望幾乎所有同胞提供某種程度的支持。

有時反叛分子會盤據在某個村莊，從那裡向周邊地區活動，他們會劫掠日本人，並且憑藉驚人膽量進犯市區。每當政府派軍討伐，他們就會作鳥獸散；有些人退回難以進入的密林，其他人則藏起武器，若無其事地鋤地犁田；然後民眾慢慢又會在另一個地點再度集結，重新展開劫掠行動，直到下一次解散為止。

他們用自力救濟的方式打游擊戰，與中國正規軍隊的戰鬥模式完全不同。

日本人因為上次作戰旗開得勝，非常訝異我方部隊在東京[2]對抗海盜和黑旗軍時會遭遇困難，現在倒換他們失算連連，蒙受慘重損失。

至於總人口不超過二十五或三十萬的番人，他們討厭日本人的程度不亞於討厭漢人；不過他們表現厭惡的方式主要是透過暗殺和零星的偷盜。

目前日本人和叛軍都試圖籠絡番人；番人坐享其利，以無差別方式對待兩方，視情況給予協助或加以背叛。

◆

2　譯注：如前文，東京是越南北部的舊名。

台北，歐洲人區，位於大稻埕，一八九六年。皮摩丹少校攝影。

台北，歐洲俱樂部前的河岸，位於大稻埕地區，一八九六年。皮摩丹少校攝影。

十月二十三日，台北。

日本人占領台灣以後，台北就按照日語發音稱為Taïoku[3]。福爾摩沙所有城鎮都有一個漢文名稱和一個日文名稱，以相同漢字書寫，不過發音經常完全不一樣；另外，有些城鎮保留了從前的西班牙文或荷蘭文名稱。在明確制定慣用地名以前，這種混淆情況將持續存在。

這座城市由築有雉堞的城牆圍繞，城內有過去巡撫的衙門（清帝國統治時代中國高官的官邸）、兵工廠、軍營、為數不多的房舍，以及大量空地。

在台北城外，沿著一條擁有好幾個不同名字的大河，往上游和下游方向分別是艋舺[4]和大稻埕[5]，這兩個近郊城區人口稠密，與城內的情況相反。

歐洲商人住在大稻埕，他們在堤岸上擁有幾棟美麗的私人宅邸，以及一間非常舒適的小型俱樂部[6]。

畢第蘭伯爵的一名姻親兄弟、德國人夏貝爾（Schabert）先生出口樟腦；貝斯特（Best）先生、嘉德納（Gardener）先生以及其他幾個英國和美國商館的職員出口茶葉。

我無法形容這些人對我有多好；必須特別感謝夏貝爾先生，我在他那裡得到非常熱忱的接待。

規模龐大的米業和所有零售業仍然由漢人把持。

3　日文實際發音為Taihoku。
4　原文按閩南語發音拼寫為Banka，指今日的萬華。
5　原文亦按閩南語發音拼寫為Tuatutia。
6　位於今日大稻埕碼頭一帶。

相當多日本人曾經到台灣尋求發財機會，不過成功的案例很少。他們大都是既沒有資本也沒有信用的冒險家，但貪得無厭，模樣猥瑣，正像跟隨部隊移動的投機生意人。這群人逐漸消失，取而代之的是一些比較認真可靠的人。

西班牙天主教傳教士在台北有一間小修院[7]。這些神父缺乏物資，跟信徒一樣過著中式生活，他們是世界上最棒的人，為人聖潔寬厚。星期天我到修會參加彌撒時遲到很久，後來和會長聊天，我以為必須道歉，沒想到才剛開口，他就嚷道：「沒事的，先生，別放在心上，有這份心意就夠了；況且最重要的是能有榮幸在這裡見到您。」

◆

十月二十四日。

我陪同川上將軍參觀市區。

從前的中國衙門經過一番清掃整頓，鋪上榻榻米，現在當作軍營使用。日本的房子幾乎都是用木材建造的，非常輕盈、通風，中國人在福爾摩沙建的房舍則與此相反，以厚重的石牆、磚牆或泥牆為特色。日本人在這樣的房子裡覺得不舒服。總體來說，他們在這裡的所有設施看起來還是暫時性的，不是很牢固。他們沿用他們找到的既有設施，然後憑藉自己在海外經營的短暫經驗，並汲取歐洲人較長久的殖民經驗，設法加以改善。

7　即今日民生西路的聖母無原罪主教座堂。

在所有方面，他們都處於摸索階段，非常驚訝地發現自己面臨一些在勝利之初料想不到的阻礙。

在一間小小的產業博物館，工作人員向我們展示了一些本地產品的樣品，包括煤礦（品質不佳，太容易碎裂）、石油（幾年前一家美國公司投入石油開採，不過後來他們放棄了，我不太清楚為什麼）、硫磺、鐵礦，還有一些在溪流的泥沙中找到的小塊金礦；然後是稻米、菸草、糖、靛藍、鴉片，以及添加梔子花或茉莉花瓣、香氣撲鼻的福爾摩沙風味茶。

日本法律禁止吸食鴉片，違反者會受到嚴厲處分。不過有一個例外情況，如果有人提出醫學證書，說明缺乏鴉片會對他們造成危害，他們就能使用鴉片。這種證書想必很多，因為鴉片專賣替政府帶來可觀利益。

我們親眼見識工作人員製作這種珍貴藥品；一名漢人——持有執照的專業品鑑師——在我們面前嘗試數種不同品級的鴉片。

即便是在中國，我也不曾看過比這位師傅更登峰造極的老菸槍。在「大麻客俱樂部」的年代[8]，想必他能讓波特萊爾（Baudelaire）、泰奧菲爾・哥提耶（Théophile Gautier）之流樂不思蜀。他氣色憔悴，形容枯槁；眼白泛黃，蒼白的身體飄盪在長袍的皺褶間，手指細瘦、指甲長而透明，抬手時動作緩慢，彷彿一名疲倦的司鐸在執行聖油降福儀式。他擺出慵懶無力的姿態，斜臥在一張竹床上，將一根長籤扎進裝有鴉片煙膏的牛角煙盒，

8　一八四〇年代，一小群法國詩人和畫家習慣在巴黎聚會，一同體驗吸食大麻的效果。

取出一滴煙膏，然後用一盞小燈的火焰加熱。這滴煙膏在高溫作用下逐漸膨脹，師傅小心翼翼地加以翻轉，使其保持渾圓形狀，然後將它放在煙槍的葫蘆口上，用煙嘴吸食幾口，接著煞有介事地給予評價。

◆

十月二十六日。

一艘蒸汽船用三個鐘頭的時間把我們載到位於台北河口的淡水。

這條河流兩岸的景色相當秀麗；右邊可以看到北投[9]的山陵，這個山區以硫磺溫泉著稱，出產的鳳梨也名聞遐邇，據說因為土壤受到硫磺的滋潤，滋味特別鮮美。

基督新教傳教團在淡水擁有幾間建築美觀的機構，由馬偕（Mackay）牧師統籌管理，這位牧師著有一本關於福爾摩沙的奇書[10]。不過對一般遊客而言，淡水最重要的景點是一座荷蘭古堡，這是一棟龐大的方塊狀磚造建物，其中一個角的頂端建有唯一的斜撐角樓[11]。在孤拔將軍轟炸淡水期間，堡內的房間成為庇

9　原文按閩南語發音拼寫為Paktau。

10　譯注：即喬治・萊斯理・馬偕（George Leslie Mackay，漢名偕叡理，1844-1901）於一八九五年（本文記述者訪台前一年）出版的《*From Far Formosa*》。這本書的第一個中文譯本名為《台灣遙寄》，近年的新譯本則稱《福爾摩沙紀事：馬偕台灣回憶錄》。

11　譯注：斜撐角樓原文為guette。英國在一八六七年向清廷租用紅毛城，設立領事館，在其後的整修工程中於城堡頂部的東北與西南角分別增建角樓。皮摩丹少校造訪淡水時，紅毛城應該已經有這兩座角樓，可能因為視角問題，他認為只有一

護所，厚實的牆壁上至今還留有法軍砲彈的痕跡。

現在古堡中設有英國領事館的辦公室，旁邊一棟新建的別墅則是領事官邸。

壕溝內還可以看到幾座荷蘭古墓，位置非常貼近古堡，以免遭受中國人的褻瀆。

川上將軍想要見一位來台北辦事的土著頭目。

起初一切都很順利，番人大啖美味蛋糕，看似深受吸引；後來將軍請他喝清酒，他先是做出擠眉弄眼的表情，然後醉意襲來，他卻宣稱自己比較喜歡歐洲烈酒，而且用詞對日本人而言不怎麼客氣。

這些可憐的番人是極其原始的人類。許多人甚至只能用手指數到十；超過十以後，他們會借用旁人的手；超過二十以後，他們會再找一個人，然後依此類推，而且終究不會算到太大數目，因為一百或兩百對他們來說已經是超乎想像的數字，就像一億或一兆給我們的感覺一樣。

我們的計畫是縱向穿越全島，路線大致沿著西海岸的山麓地帶，這些丘陵似乎代表歸順地區的界線。我們的交通方式是：在新竹[12]以前搭乘火車；從新竹到嘉義[13]坐轎子；過了嘉義以後則改搭很原始的小列車，由人力在最近鋪設的輕便軌道上推動。

為了旅行方便，我們將人馬分成三個梯隊，中間隔開兩天的步行距離。

座。

12　原文按日語發音拼寫為Shinjiku。

13　原文按日語發音拼寫為Kaghi。

首先是軍需總長野田、石黑醫師以及他們的幕僚人員。

　　然後是我的梯隊，隨行人員包括騎兵少尉山田、一名說漢語的日本通譯、兩名低階軍官、多和田，以及我的隨從。

　　最後一個梯隊則是川上將軍和他的幕僚團。

　　新竹有一個被我們的通譯稱作「宿泊處」（logerie）的地方，我們就下榻在那裡。在其後的旅途上，我們將陸續被安頓在一些包括派出所、軍營、街庄役場（鄉鎮公所）、市役所（市政府）的地方。

　　在我們籌備出發事宜期間，去年秋天和今年春天導致相當多人死亡的瘟疫又在台北爆發了。

　　福爾摩沙人把它稱作「鼠疫」，他們聲稱這種疫病起初造成鼠類大量死亡，然後經由這些動物的屍體感染人類。比較有知識的人認為，瘟疫細菌是在泥土中培養出來的。在泥土中鑽洞的老鼠是最早的受害者，然後蒼蠅、跳蚤和各種寄生蟲在鼠屍上大快朵頤，再把病菌傳染給人類。

　　在著名的日本醫生北里[14]研究最近一次疫病流行以後，似乎與他的同行、我們的同胞耶爾森[15]一樣，找到了對抗鼠疫的疫苗。可惜中國人拒絕治療，他們隱匿病患甚至是死者的屍體，反對消毒工作，竭盡所能地促進疫病流行；這對中國人本身以及科學研究而言都是非常不幸的事。

　　很少日本人感染這次的鼠疫，而且好像超過三分之二都痊癒

14　譯注：全名為北里柴三郎（1853-1931）。
15　譯注：全名亞歷山大·耶爾森（Alexandre Yersin，1863-1943）。

了。至於住在福爾摩沙的少許歐洲人，截至目前他們都沒有染疫。

◆

十月二十七日，新竹[16]。

新竹是一個四周圍繞著秀麗城牆的老城。

至於通譯口中的「logerie」，它讓人想到羅馬尼亞的某些旅館──晚餐難吃、住房乏善可陳，其他服務我認為大概也不怎麼樣；而且這間住宿處更簡陋。

日本據台之初，漢人看到低階軍官和士兵調戲他們的妻子，

新竹，已改為軍營的舊中國衙門，一八九六年。皮摩丹少校攝影。

便向新來的公務員抱怨，結果得到的答覆是：「別急嘛，日本女人就快來了，我們每天都等著呢。」──現在日本女人確實來到新竹了！[17]

◆

十月二十八日，後壠[18]。

今天早上出發時，發生了一點麻煩事；我們的挑夫（其中也有女的，因為女人也做這一行）來遲了，然後為了搶到比較不笨重的行李箱或幫體重比較輕的旅客（我不屬於這個類別！）抬轎，他們吵起架來，甚至大打出手。

最後只好拿起手杖敲幾下，才恢復了秩序。

中國人吵架是人間罕見的奇觀。一群人彷彿全都在用慢速反覆說：「哇」，然後速度變快：「哇──哇──」，每次開口，嘴巴都張得更大。

他們在每個中途停留地都會這樣吵鬧不休，而我們只能忍耐接受。

上路以後，挑夫們會踩著輕快的腳步前進，一整天都維持這樣的速度。通常他們會在中午做一次大休息，另外我們每個小時

---

16 原文按日語發音拼寫為Shinjiku。

17 譯注：這段文字含蓄描述旅社提供的性服務。上一段的「其他服務」應該也是作者對旅館性服務的影射，而作者寫「我認為大概也不怎麼樣」的意思是他在那裡並未使用這種服務，只是推測而已。

18 原文按日語發音拼寫為Korio，即今後壠。

也會讓他們停下來喘口氣。每次停腳歇息，他們就會忙著從髒兮兮的包包裡拿出一點米飯吃，不然就是在沿途的客棧買東西。這些挑夫習慣用一種具有彈性的竿子挑各式各樣的重物，竿子時而放在一邊肩膀上，時而又換到另一邊，他們的肩胛骨部位因而出現嚴重擦傷，不過他們沒有顯露出痛苦的樣子。這些人腿上也布滿膿瘡，他們會拿一些奇怪的黑色膏藥治療。

沿著海岸走一段時間後，我們的隊伍穿越一片砂土荒原，上面散布著一些爬藤植物，類似牽牛花。有時小路會消失不見，這時兩名騎馬憲警會來到隊伍前面引導。這個地區土地貧瘠，景色不佳。放眼望去，主要的植物只有高地上的柳樹[19]、少許房舍周圍的竹子，以及海濱沙地上的露兜樹[20]。

◆

十月二十九日，大甲[21]。

這一帶仍舊是比較缺乏植被的開闊地形，不過似乎沒有昨天經過的地區那樣淒清；有些地方看起來甚至可說景緻宜人。

抵達住宿處時，我看到我的名字用粉筆寫在門上，與大規模

---

19 譯注：按照皮摩丹的行程，這個比較荒涼的地區是後龍以南、大甲以北，即通霄、苑裡一帶的海岸沙丘和丘陵地。這個地區的高地上生長的應該是金合歡屬的相思樹，俗稱「台灣柳樹」，作者可能因此將它歸為柳樹（saule）。植物學中的「台灣柳」是台灣的另一種樹木，屬於楊柳科柳屬，但生長在海拔兩千公尺以上的高山，所以不會是作者在此說的saule。

20 譯注：台灣海濱常見的露兜樹品種稱為「林投」。

21 原文按日語發音拼寫為Taïco。

戰役期間司務官在軍營房間門上標示軍官名字的方式如出一轍。

擔任所長的官員對法國略知一二，他以無比的熱忱接待我。

我的桌上擺了一個大花瓶，裡面插了新鮮的桃樹枝，由於某種奇異的自然因素，枝條上竟然在秋天重新開出花朵。

◆

十月三十日，台中[22]。

現在我們穿越肥沃的平原。

過了葫蘆墩[23]以後，一條日本工程單位興建的道路在眼前開展。在轎夫走的小路兩旁，雜草已經侵入路面，因為路上沒有車輛通行，頂多大概是偶爾幾輛由水牛牽引、靠實木大輪滾動的福爾摩沙大車。

作為縣城，台中在政治上有其重要性。不過這是一個窮困的小市鎮，建立在一片潮溼的台地上，其間的水澤停滯不流動。

沼地中偶見幾處水源，泉質純淨如水晶，但卻立有標牌禁止士兵取用，可見這水會對健康造成危害。

我相信瘧疾肆虐最嚴重的地方莫過於這裡。觸目所及，所有人蒼白憔悴、眼睛泛著病態的亮光，呈現罹患惡疾的樣態，令人想到某些可在拉文納或龐廷沼澤區[24]看到的熱病患者。

22　原文按日語發音拼寫為Taïtiu。

23　原文按日語發音拼寫為Coroton，即現在的台中市豐原區。

24　譯注：拉文納（Ravenne，〔義〕Ravenna）是位於義大利波河平原瀕臨亞得里亞海案的沼澤區，龐廷沼澤區（Marais Pontins，〔義〕Agro Pontino）則位於羅馬以

在四月抵達這裡的部隊中，沒得熱病的人少之又少。可是他們其實受到無微不至的照料。他們的伙食比入伍之前吃的東西要好，原先他們大都只能吃小米，偶爾吃些米飯，搭配一點魚和幾種調味小菜；在這裡，他們卻能吃新鮮肉品、鮮美的魚、各種醃製食物、米飯，而且米飯還加入小麥，使它變得比較營養。他們免受勞力之苦；不過夜間站崗依然極為辛苦；一個經常發生的情況是，士兵接班時身體狀況很好，勤務結束時卻因為發燒而顫抖，裹在大衣中猛打哆嗦。

無法值勤的人員比例目前平均落在百分之三十到四十之間。在大雨頻仍的冬季結束以後，明年春天的情況又將如何？

整個墓園四周，紅白交織的日本旗幟飄揚在士兵的新墳上方。碩大的竹子在貼近地面的位置被砍斷，莖竿中擺放花束，藉此禮敬死者。

雖然這個城市的環境不衛生，看起來貧窮落後、欠缺維護，不過城內有一些美侖美奐的衙門；其中一座現在變成幕僚部辦公廳的官舍非常乾淨整潔，在中國實屬罕見。這棟府邸屬於一名相當富有的漢人，他把它借（？）給日本政府使用，自己則退隱到鄉間，住在一棟更華美的宅邸；一名士兵語帶讚嘆地告訴我們，那裡的房間數目多到可比一年中的天數[25]。

陪同我來到這裡的兩名低階軍官明天就要返回台北；台中的

南的海岸。

25　譯注：這段描述中的富有漢人可能是指吳鸞旂或者是霧峰林家的成員。本文作者在「借」的後面打上問號，應該是在暗示這位富有的漢人是被迫割讓他的宅邸給日本政府使用。

憲兵隊會派人接替他們。他們前來向我告別。我覺得他們的舉止和儀態十分完美；尤其是其中名叫岩倉的軍官行事得宜、殷勤體貼，流露平靜溫和的氣質，令我印象深刻。我問他和他的同僚，我是否能給他們幫上什麼忙，還有他們以後打算做什麼，他這樣回答：「我是個佛教僧侶，屬於一個接受和尚結婚的異議派系；退伍以後，我會先回父親家，他在丹波國[26]主持一間小廟，我們的祖先從二十四代以前就一直掌管這座廟；然後我打算回到福爾摩沙，這裡有那麼多美侖美奐的大型廟宇，但卻處於荒廢狀態。我希望有機會接任其中一間廟宇的住持，為了準備這個工作，我正在研讀中國佛教。」

我回日本三個月以後，他寫信告訴我，他計畫來拜訪我，但我一直沒見到他……他是否已經實現他的夢想，現在正在某個莊嚴的祭壇前隆重主持儀式？或者他只是個沒沒無聞的僧侶，待在自家寺院中禱告？我不知道；不過，每當我看到佛教器物，我的心思馬上朝他飛去，那個善良而溫和的僧人士兵。

◆

一八九六年十一月一日，彰化[27]。

經過一段短暫的旅程，我們穿越一片遍布稻田的豐饒平原，

26　譯注：丹波國是日本古代的令制國之一，其領域大約包含現在的京都府中部、兵庫縣東部和大阪府的一小部分。令制國是古代日本基於律令制所設的行政區域，地位相當於行省，從飛鳥時代到明治時代作為地理區畫的單位。
27　原文按日語發音拼寫為Choka。

來到彰化，一個四周圍繞厚實磚砌牆垣的老城。

我下榻在軍營中一間非常寬敞的中式房間，先前北白川宮能久親王[28]罹患嚴重熱病，去世前不久曾住在這個房間裡。

◆

十一月二日，北斗[29]。

今天早上在彰化，我在一陣輕快的起床號聲中醒來；日本人幾乎沿用所有我國的軍號聲，按照他們從當初聘請法國教官所學如法炮製。

風景變得相當美麗。一開始我們沿著一條沁涼的林蔭道路前行，路兩旁是高聳的竹林，莖幹排列緊密，輕風一吹就喀滋作響。田野間散落著一片片檳榔樹園和柑橘果園。再往前，我們沿著一條河流推進，河水流速驚人，水中充滿珍珠灰色的泥巴；最後我們通過一片開墾得非常完善的土質平原，泥土呈黑色，類似里馬涅（Limagne）平原[30]。

◆

---

28 譯注：北白川宮能久親王（1847-1895）是江戶幕府末期至明治時期的日本皇族、陸軍軍人，曾赴普魯士軍校深造，返國後任中將近衛師團長。台灣割讓日本後，在台灣人為抵抗日本接收而發動的乙未戰爭期間死亡。
29 原文按日語發音拼寫為Hokuto。
30 位於法國中部的肥沃谷地。

十一月三日，雲林[31]。

涉水越過眾多河流、橫越一片片大沼地之後，隊伍來到雲林。

這個城鎮是新近發生的一場叛亂[32]的核心地之一。今天正逢天皇誕生日，街上立起凱旋門、擺放花圈，旗幟迎風飄揚，但張燈結綵的景象反而突顯出市區的淒涼。

毀壞的房舍、頹圮的牆壁、焦黑的屋梁、成堆的瓦礫，令人想起一八七一年戰爭[33]和巴黎公社事件[34]結束後巴黎郊外某些村莊的殘破情景。

一些幫派仍然把持鄉村地區；雲林有軍隊駐守。我的東道主們非常謹慎，連我要到市區邊緣以外兩百公尺的地方拍幾張照片，他們都強迫要讓人為我護送。

在這個村鎮的廣場上，軍官和士兵舉辦了各式各樣的歡慶活動：熱氣球升空、兒童賽跑和遊戲、中國劇團的戲劇表演、發射慶祝禮砲、「威尼斯」玻璃吊燈裝飾、免費清酒品嘗……，孩子們跑跳叫鬧、開心地互相推擠，不過比較年長的人卻顯出冷漠的

31　原文按日語發音拼寫為Unrin。

32　應該是指雲林鐵國山柯鐵抗日事件。

33　譯注：指一八七〇年至一八七一年的普法戰爭，又稱法德戰爭。法蘭西第二帝國隨即垮台，第三共和成立；最後普魯士全面勝利，於法國凡爾賽宮宣布建立德意志帝國。

34　譯注：巴黎公社（Commune de Paris）起義事件是普法戰爭期間法國政治及社會的一個重要面向。在民生疾苦及法國慘敗的背景下，巴黎市民於一八七一年三月間起義造反，占領市政廳，而後透過選舉產生巴黎公社，短暫治理巴黎。五月，法國政府與普魯士簽署法蘭克福條約，割讓洛林、亞爾薩斯兩省，並賠款五十億法郎，換取普魯士撤軍和釋放法國戰俘，然後動用這些軍人鎮壓巴黎公社。公社在五月底的「血腥周」被消滅，成員多被處決。

神態。

晚餐很豐富，以下是我盡可能記住的菜色，按上菜順序列出：

肉絲蛋包

燉雞

水煮蛋、肉丸

魚濃湯[35]

甜豆糕[36]

柚子、柿子

襯有醃魚薄片的醋味米飯

雖然這是個莊嚴的大日子，晚餐菜色卻很簡單，幾乎跟平常在家吃飯一樣。雲林很缺食材。接待我的人直說不好意思，不過我反而很開心。儘管普通的日本料理完全缺乏奶油、油脂、食用油，整體來說不使用任何適合我們口味的調味料，而且大部分菜餚都放乾魚粉和糖，不過對歐洲人而言，這種家常菜還算能入口。反觀那些精緻高雅的菜餚，用眼睛看是美不勝收，可是嘗起來卻淡而無味。沒錯，每道菜送上來都有一個必備配件——一小碟用發酵的豆子製成的醬汁，可以用它來增加風味；可是這樣一來，我覺得菜餚反而變得難吃到極點。

◆

---

35 原文為Soupe à la crème de poisson，此處姑且譯為魚濃湯，也有可能是魚羹湯、魚板湯、味噌魚湯等。

36 譯注：可能指羊羹。

嘉義與台南之間的小鐵道，一八九六年。皮摩丹少校攝影。

十一月四日，嘉義[37]。

在雲林與嘉義之間，一切都呈現侵略過後的荒涼狀態。田地不是閒置，就是任由農作物枯萎。許多原本華美的房屋現在已經荒廢；就連廟宇也因為沒有守衛或住持看管，裡面的美麗雕木鑲板、神明像和香爐都成為路人任意拿取的東西。

嘉義的情況相反，這個有紮實城牆圍繞的城市在原田指揮官——他曾到聖西爾（Saint-Cyr）軍校[38]留學——靈巧有效的防守下，成功擊退了叛軍的進攻。

先前日本人被入台之初的一些造反行動搞得有點不知所措，

37　原文按日語發音拼寫為Kaghi。
38　法國培養菁英軍官的頂尖軍事學校。

嘉義與台南之間的小鐵道上騎馬的士兵，一八九六年。皮摩丹少校攝影。

不過那次對抗行動讓他們得以重整旗鼓，逐漸壓制和消除叛亂。

◆

十一月五日，台南。

破曉時分，我們坐上原始的小台車，離開嘉義。

台車的動力不是引擎，而是苦力，他們用相當快的速度，在鋪設得很粗糙的輕便鐵道上推動我們前進。

稻田一望無際地鋪陳，只有幾行竹子縱橫其間。

在清晨的氤氳中，薄霧模糊了物體的確切形貌，令人彷彿置身博斯平原[39]。

往前推進了一整天，經歷了幾次出軌，我們很晚才抵達台南

城門口。氣溫幾乎稱得上冷。

鐵道工人在等我們的時候點了大燈，搖曳的燈火為周遭景物賦予了奇幻的形貌。

在黑暗的夜色中，這個城市顯得相當巨大。據說城裡住了十萬人，而且想必從前的人口大幅超出這個數目，也比現在富裕得多；因為在偌大的城牆內，沿著人潮雜沓的街道，可以看到不少四周圍繞著美麗庭園的大宅，但已人去樓空，在一些棄置的庭園中，數不清的步道交錯在一座座富麗堂皇的衙門遺跡間，還有許多亭閣傾頹坍塌，一些弧度優美的橋梁則逐漸解體，橋拱的破片散落在乾枯的小河上。

竹子、含羞草、馬鞭草、仙人掌、各式各樣的藤蔓和高草大肆生長、開花，與這些遺跡交雜在一片，而且彷彿從中擷取了奇妙的肥料；就好像在我們國家蕁麻侵占建築物廢墟的情景。

某些比較荒涼的街區不太安全。有些沒有戒心的日本人把自己國家夜不閉戶的習慣帶來，結果晚上睡覺時遭人搶劫甚至殺害。

不過無論如何，台南肯定是福爾摩沙商業最發達也最乾淨的城市。

這裡的男人不像其他地方那樣衣衫襤褸；女人甚至頗具風韻，不僅頭髮梳理得相當別緻，還會用人造花飾品遮住髮簪，連老婦人也不例外。

華美但缺乏維護的廟宇，一間不久前建成、以美麗彩陶飾物

---

39 位於法國中部的重要農業地帶。

妝點的「行郊」，一座紀念某位貞潔遺孀的牌坊，這些都能暫時激發新手遊客對中國事物的興趣。

我們還被帶去參觀另一種類型的特色景點：一棵奇大無比的樹。一道階梯圍繞樹身盤旋而上，通到建在樹梢的木造小屋，佇立其上，周遭景色一覽無遺。在最近一場戰爭中，一名中國首領在這裡設了觀察哨，這個做法實在精明。現在這裡成了一間小酒館，似乎是仿效巴黎附近的「魯賓遜」（Robinson）[40]。除此之外，歐式生活也已透過一間有撞球桌妝點的餐廳，在這裡蔓延開來。

◆

十一月六日。

許多叛亂團體在台南與打狗[41]之間流竄：如果要確保陸路通行的安全，必須有規模龐大的護衛隊才行，因此這段行程我們預定走海路，以免勞師動眾，徒增部隊困擾。

從前台南緊鄰大海；現在台南城與海岸線之間隔著五、六公里的潟湖帶。安平是台南的港口，不過能停泊在這裡的基本上只有平底駁船和小型的兩端稍微翹起的連體竹筏。划槳人站在竹子上，雙腳泡在水裡；船中央有一個大型木桶，乘客和貨物都在裡面，木桶的邊緣可以防止突如其來的海浪噴濺。

---

40 十九世紀末巴黎郊外的著名咖啡館，其特色是在枝椏間建造亭台，將桌椅設置在上面。
41 原文按日語發音拼寫為Takao，今名高雄。

從前荷蘭人在城中央一處小丘上建造的熱蘭遮城現在已經消失；不過海邊還有一座非常漂亮而且保存得近乎完好的小堡壘[42]。至於二、三十年前興建的那座美麗大型中國堡壘[43]，儘管巨砲仍在，但已經完全荒廢了。

◆

　　十一月九日，打狗。

　　打狗可謂福爾摩沙之珠，它擁有一座小港灣，藉由一條兩側有岩山簇擁的狹窄水道與大海分隔開來。

　　英國領事館座落在一側的岩山上；另一側的山丘裝設了砲台，梅醫師（docteur Myers）在那裡建了一棟堪稱城堡的大宅，山坡上有一些從前留下來的防禦工事，更為這座府邸憑添美麗風情。梅醫師雖是英國出身，卻帶著家人長年定居福爾摩沙，擔任日本政府的顧問。

　　現在的市區分布在入港處附近的海灣兩岸。從前的市區位於較後方，目前只剩下一些半毀的屋舍，以及一棟西班牙方濟各會修道院，修道院規模不大，不過相當奇特，禮拜堂上方建有小鐘樓，建物牆壁均巨大厚實，窗戶形式非常古老。乍看之下，彷彿某座歐洲古老的修道院被直接搬到遙遠的東方[44]。

42　可能是指安平小砲台。

43　應該是指二鯤鯓砲台，由法國工程師帛爾陀（Berthault）於一八七六年設計建造。

44　譯注：這座修道院（如右頁下圖）是高雄玫瑰聖母聖殿主座教堂的前身，由西班

鳳山（日語發音為Hozan）的一處城門，一八九六年。皮摩丹少校攝影。

打狗（今日的高雄），西班牙方濟各會修道院（實際上是道明會修道院），一八九六年。皮摩丹少校攝影。

◆

十一月十四日，馬公（漁翁群島）[45]。

漁翁群島過去少有人知，但如今這個地名與孤拔將軍的英雄事蹟緊緊相連。這些島嶼地勢平坦，常年大風吹襲，景色冷清寂寥。

黃色的土地看起來沒有植被，也幾乎沒有開墾為農田。島上的水源和水井產出的水都充滿鹽分。居民從小習慣了這種令人不舒服的味道，喝了以後也不會出問題，但對外國人而言，這水簡直就是匈雅提亞諾什（Hunyadi-Janos）礦泉水[46]的替代品。

不過我得說句公道話，雖然法國人和後來的日本人在漁翁群島因為疫病問題死了很多人，但這些島嶼平常其實比福爾摩沙衛生。

濱海城牆任由海浪拍打，古老的城門開向棧橋——馬公看起來頗像歐洲的中世紀要塞；不過宏偉的牆垣後方只是個冷清的大漁村。

在港灣另一邊，一座金字塔形的建物[47]可供人們憑弔在漁翁群島死去的法國人。

市區附近有一座為紀念孤拔將軍而立的衣冠塚[48]，位於兩

牙道明會（皮摩丹少校誤以為是方濟各會）修士建於一八六〇年代初期。現今的主座教堂是一九二九年開始改建而成，與照片中的老聖堂外觀差異極大。

45　即澎湖。

46　這是匈牙利的一種飲料，十九世紀歐洲人用它來紓解便祕。

47　指法軍殉職紀念碑，在馬公市風櫃里蛇頭山，於一八九〇年由法軍建造。

48　原建於今日的馬公國小西邊牆外，一九五四年因國小擴大，孤拔紀念碑遷移到馬

馬公港，一八九六年。皮摩丹少校攝影。

座比較小的墳墓之間，這兩個墓分別埋葬海軍陸戰隊中尉耶恩（Jehenne）和海軍副軍需官戴爾（Dert）。

日本人來到這裡時，這些紀念物都相當殘破，尤其是孤拔將軍的衣冠塚，因為中國人盜取成塊石材，擺在賭場當作吉祥物。後來日本皇軍幕僚部軍官山田上尉請人修復這些遺跡；現在法國與日本已經建立協議，確保這些紀念物的養護工作。

距離孤拔將軍衣冠塚的不遠處，我看到一個由土砌圍牆環繞的地方，這地方仍稱作法國墓園，但土牆已經頹圮。根據中國人的說法，我方占領軍在裡面埋葬了許多苦力，可能也埋了一些軍人。沒有人保有這方面的確實記憶。不過無論如何，不管他們曾是滿懷遠大希望與光榮夢想出征的法蘭西士兵，還是像牛馬般被成群驅使的亞洲苦力，他們都是在我國的旗幟下犧牲生命！拜川上將軍的善意之賜，我得以請人修整墓園，並在一座雕有十字架的石碑上銘刻這句拉丁文：Pax Domini manibus ignotis[49]。

在一段距離外，一座壯觀的大門通向日本墓園[50]，裡面立了一根高大的方尖碑，四周圍繞著一些大型墳塚。

就外型而言，漁翁群島的居民與其他中國人之間沒有什麼差別；不過這裡的婦女包黑色頭巾，與其他漢人女性繁複堆疊的沉重頭飾形成強烈對比。

公民族路和民生路交叉口，而耶恩中尉和戴爾副軍需官的墓則移至基隆的法國墓園。

49　翻譯為：願無名靈魂得主安。

50　日本陸軍墓園原址在今日馬公市西文里，位於馬公國中一帶。

◆

十一月十六日，廈門[51]。

廈門位於北溪或龍溪[52]出海口外的廈門島[53]上，市區依傍著陡峭的山崗層疊興建；在港灣另一邊，可以看到一個風光明媚的小島——鼓浪嶼[54]，島上住的是歐洲人。

在一定距離外，廈門整體看起來相當宜人，不過走進市區，街道還是顯出傳統中國的髒亂。數不清的黑豬——形貌可憎的豬公、行動緩慢的母豬、蹦蹦跳跳的小豬——四處遊蕩，跟豬主人混雜在一起生活。若說狗是人類最好的朋友，豬就是中國人最好的朋友。

在清日戰爭和最近的造反行動中，很多福爾摩沙人逃到這裡，由於市區無法容納那麼多人，房租隨之翻漲了一倍。現在大部分的人陸續回去，由日本領事館簽發的通行證數量可見一斑。

51　原文在此採歐語習用譯名Amoy。
52　譯注：北溪是九龍江上游的稱呼，在此也被用來代稱九龍江。
53　原書在此將廈門拼寫為Haïmun。
54　原文按閩南語發音拼寫為Kulangsu。

植物學家神父

一八四七年，烏爾班‧佛里（Urbain Faurie）[55]神父在法國中部出生，一八七三年以天主教傳教士身分定居日本。秉持對植物學的熱愛，他逐漸採集到了大量的野生植物，豐富了世界各地眾多研究機構的收藏，包括巴黎國立自然史博物館（Muséum national d'histoire naturelle）、倫敦邱園（Kew Gardens）、美國柏克萊大學等等。他的目的當然是科學研究，不過他寄送給各地博物館和植物園的標本也為他創造了不少財富，讓他用來購買土地、興建教堂！

佛里在一九○一年首度來到台灣採集植物，一九一三年二度來台，一直待到一九一五年六月去世。他從北到南縱橫全島，穿著草履翻山越嶺，走到小路以外的地方——因為他要找的稀有植物不是生長在路面……他有辦法連續數天獨自待在山中，尋覓他感興趣的植物。他在台灣島上採集到數千個植物標本，其中有數百個標本典藏在巴黎國立自然史博物館。一九一五年五月，他在花蓮港附近地區採集時，感覺身體不適，於是返回台北，幾星期後在大稻埕教堂堂區去世。他對福爾摩沙的植物多樣性驚嘆不

55　譯注：佛里的另一常見譯名為「佛荷里」。

一個稱為「竹葉蘭」（學名：Arundina chinensis）
的蘭花品種，由佛里神父在台灣採集，現保存
在巴黎國立自然史博物館的植物標本中心。
（本圖由法國國立自然史博物館提供）

「楓香」（學名：Liquidambar formosana
Hance）的葉子，由佛里神父在台灣採集，現
保存在巴黎國立自然史博物館的植物標本中
心。（本圖由法國國立自然史博物館提供）

已，並且相當遺憾自己在人生後期才發現這些寶藏。

　　一九一七年，台北植物園內立起一座銅像，以紀念佛里神父。這座由雕刻家渡邊長男鑄造的銅像在二次大戰期間消失了，不過非常神奇的是，二〇一二年間，當初用來模塑佛里胸像的石膏模具竟然在渡邊長男的遺物中被找了出來，拜這個模具之賜，一座新的銅像皇然問世，佛里的身影遂於二〇一七年重新矗立在台北植物園。

台北植物園裡的佛里神父半身銅像。（作者龐維德拍攝）

日本殖民主義的仰慕者

　　以研究印度著稱、曾擔任第一屆東京日法會館（Maison franco-japonaise）主任的法國東方學者希爾梵‧列維（Sylvain Lévi，1863-1935）在一九二九年寫了一篇文章，大力頌讚日本在台灣的建設成果。他代表著那個年代還屬於主流的思維，以殖民思想為無庸置疑的正道，認為那是歐洲國家乃至東亞地區的日本對文明進步的貢獻；這種思考方式無視本地人民的意願問題，也完全忽略伴隨殖民帝國主義而來的暴力與掠奪。

　　以下文本擷取自一九二九年一月刊登於《法屬大洋洲》（*L'Océanie Française*）的一篇文章（該月刊係由一個倡議法國殖民太平洋地區的團體所創辦）。

　　日本人抵達台灣時，發現島上有兩個族群互相爭奪，他們不只敵視對方，對新來者的敵意更深。平原地區住的是漢人，他們源自福建[56]和廣東[57]，體格強健，大膽豪邁，祖先是從前跟隨國姓爺而來的海盜和冒險家，或在他之後前來的商人或農民；這是一

56　原文拼寫為Foukien。
57　原文拼寫為Koangtoung。

《法屬大洋洲》（*L'Océanie Française*）刊物封面。

個深具廣東特質的驃悍族群，永遠騷動不安，時時可能沸騰。他們多子多孫，人口早已覆蓋所有低地和稻田；他們建立了市鎮、大城，以及一座規模龐大的首府——台南，這座城市毗鄰安平港，位於北回歸線以南；日本第一次出征[58]及法國艦隊登陸[59]以後，北部建起新的首府——台北[60]；行政組織重新整頓，道路廣泛開闢，工業公司陸續成立。在沈葆楨[61]和劉銘傳[62]這兩位卓越官員領導下，福爾摩沙走上現代生活的道路。

不過內陸地帶仍舊蘊藏隨時可能爆發的危險。在遠離海洋貿

58　一八七四年。

59　一八八四年。

60　這兩個漢字用日文發音是Taihoku。

61　原文拼寫為Chen Paotchen。

62　原文拼寫為Lieou Mingtchan。

易路線的地區，福爾摩沙長期屬於野蠻部族，這些部族的語言和外貌相當多元，不過基本上都是玻里尼西亞人；主要族群有九個：由北到南分別是泰雅族、賽夏族、布農族、鄒族、撒里仙族、排灣族、卑南族、阿美族、雅美族[63]。在這些族群中，泰雅族人數最多，他們生活在北部，有「獵首者」這個陰森恐怖的名聲。每個重要慶典都必須有一顆首級妝點；少年成為大人的條件是砍下人頭帶回部落。由於漢人的擴張，他們退居在高山地區，不過他們仍舊認為自己是這個地區理所當然的主人；他們會出其不意地襲擊鄰近的聚落，屠殺居民、大肆掠奪，然後帶著滿滿的戰利品，返回他們在崇山峻嶺中的村寨。漢人只能在他們的土地邊緣畫定警戒線[64]，並設置武裝衛哨，不過這些舉措完全不足以阻止或預防番人突襲。

　　日本人在簽訂《馬關條約》後成為福爾摩沙的所有者，不過他們在經過一番奮鬥後，才真正主宰了這個島嶼。首先他們遭遇漢人造反；島上住了大約一百五十萬個台灣人（這是日本人抵台後用來指稱島上來自中國的墾殖者的正式名稱），他們宣布成立台灣民主國、組織叛亂團體，這些團體中又出現了一些我們在越南東京的老對手——黑旗軍。日方花了六個多月，才將這場血腥造反壓制住。在平定番人方面，成功來得比較緩慢，過程也更加艱鉅。他們的人口總數大約是十二萬。當然，不是所有番人都同

63　泰雅族原文拼寫為Taiyal，賽夏族為Saisett，布農族為Bunun，鄒族為Tsuou，撒里仙族為Tsarisen（即魯凱族），排灣族為Paiwan，卑南族為Piyuma，阿美族為Ami，雅美族為Yami（今稱達悟族）。
64　譯注：即土牛界線，又稱土牛紅線、土牛溝、番界。

樣可怕。在漢人領域的外圍，生活著一群已經被中國文明同化一半的番人，他們從事農耕、養育牲畜，而且會說流利的漢語；這群人的正式名稱是「熟番」[65]，意為「漢化的番人」。不過，有獵頭傳統的那個族群人口高達兩萬。

　　一九○○年間，九十五名日本人和四百三十名台灣人遇害；一九○六年，七十一名日本人和一百七十三名台灣人遇害；一九○七年，六十一名日本人和兩百六十九名台灣人遇害；這還不包括那些幸運保住性命的傷殘人員。日本治台當局重新畫定中國當局原先設定的警戒線，並加以現代化；他們裝設鐵絲網，甚至在某些地方通電。當局發揮日本人特有的頑強精神，每年進一步蠶食番人的領域；在適合發動伏擊的濃密熱帶森林中，日方有時會在這種推進行動中付出慘痛代價。為了讓山地砲兵攻入山區，他們必須在陡峭的山坡上開闢路徑，同時面臨占據山頭的番人從不失手的射擊。比較晚近的做法是用飛機轟炸，藉此逼迫那些最難對付的番人部落妥協；一名德國民族誌學家以違反人道的理由，對這種行動表示抗議。然而，「誰能忍受格拉古兄弟[66]抱怨別人叛變」[67]？

　　日本取得福爾摩沙至今已經三十二年。他們的建設成果可說

65　原文按日語發音拼寫為Jukuban。

66　譯注：格拉古兄弟是公元前二世紀羅馬共和國的政治家和平民派領袖，出身羅馬望族，其父老提必略曾任羅馬執政官。他們分別當選保民官，積極推行「格拉古兄弟改革」，但由於觸犯貴族派菁英勢力，先後在任內被殺。

67　這是古羅馬詩人尤維納利斯（Juvenal，拉丁名Decimus Junius Juvenalis）的名言，拉丁文為Quis toleret Gracchos de seditione querentes，用來批判那些禁止別人做某些事、自己卻會做這些事的人。

是非常傑出的。兩條蒸汽船航線連結神戶與基隆（日本人的唸法是Kirun）；五千到九千噸的上好輪船既寬敞又舒適，整個航程只需四天。崎嶇岩山環伺的基隆擁有一座模範港口，可供最大型的船隻停靠，船塢、碼頭、機械設備一應俱全；附近地區的豐富礦脈帶來源源不絕的煤炭。在港口東側的一處峭壁下方，「孤拔海灘」令所有法國旅人憶起那些光榮而殘酷的往事；在不遠處的浪濤聲陪伴下，「一八八四至一八八五年在基隆犧牲的軍官、士兵與水手」長眠在一座維護良好的墓園中。一些石板和小紀念碑上還看得到許多已經消失四分之三的名字；一座立在簡樸底座上的小方尖碑紀念著在那場無疾而終的遠征大業中喪生的故人。這座老紀念碑早已遭受時光和季風的摧殘，因此忠於傳統騎士精神的日本人又精準仿造了一座相同的紀念碑，獻給那些逝去的人們。如果法國還有一些在這裡痛失至親的家屬，他們可以放心；飄揚在這裡的日本旗幟意味著對英雄與死難者的敬意。

一條鐵路從基隆通往南部，幾乎通到這個島的最南端。不到一個小時，就能來到首都台北。日本式的秩序與紀律在這裡得到貫徹。全市人口大約二十萬，其中四分之一是日本人，其餘則是台灣人，或說中國人。不過這個地方看起來完全不像中國的城市：宏偉的大道，寬敞整潔的街道，雅致的屋宇，暢通的騎樓，一座遼闊而優美、可以展望壯麗景觀的公園，富麗堂皇的官府建築；還有一棟更華美的宮殿，裡面容納了一座完美的博物館：民族文化、動植物、歷史文物、史前器物等透過精心整理的典藏系列及品味十足的陳列方式，展現在觀者眼前；學者與遊客都能在這裡得到豐沛的收穫。

從台北到從前的首府台南，搭乘臥車一個晚上就可以抵達。我們在清冷的一月雨中離開台北；鐵道飯店蓋得跟印度和錫蘭的大旅館一樣豪華，規模浩大、空間寬敞，我們置身其間，在爐火邊享用晚餐。來到台南，熱帶的冬季天空蔚藍、澄澈而美麗；處處是熱帶的樹木、花卉和氣味，熱帶的柔軟空氣散發慵懶淫逸的氣息。這座舊都並未失格；在日本政權主導下，台南也已脫胎換骨，目前仍有八萬以上的居民。不過台南的濱海郊區——從前為它帶來生機的安平舊港——已經一片死寂，而且死得相當悽慘。就像位於流經台北——與台南爭鋒的北部府城——那條大河河口的淡水港陷入出海口淤積的困境，安平港的出海口也已被泥沙淤塞。在一片殘破、荒廢、窮困的景象中，十七世紀由荷蘭人興建的熱蘭遮古城仍然展現它占地遼闊的厚實形體；這座堡壘曾讓荷蘭人英勇抵禦國姓爺的進攻，直到一六六二年投降為止。這是個值得我們用沃尼的方式深入思考的題材[68]；這個曾經備受覬覦的地方現在猶如荒原，人類能開採的資源只有海鹽，而且是在一間彷彿煉獄的工廠加工處理。

　　高雄（人口四萬）比台南更遠一些，擁有一座地理環境非常迷人的港口，與廈門、香港、馬尼拉以及越南東京地區的海防市之間都有定期船班。從河內出發，只要四天就能抵達這裡。許多鐵路支線從幹線鐵路往東或往西分叉出去，連絡農業、工業或林

68　沃尼伯爵（Constantin François de Chassebœuf, comte de Volney）的著名著作是《廢墟：思索帝國的興亡》（ *Les ruines, ou méditation sur les révolutions des empires* ），一七九一年出版。

業生產重地。有興趣觀察民間廟宇的旅客若能造訪北港[69]，絕對不虛此行；北港位於嘉義[70]附近，那裡有一座供奉媽祖[71]的廟，每年吸引五十萬香客；這座廟的建築相當平凡，正面按照傳統習俗，用彩瓷呈現各式各樣的真實人物、傳說人物和神明。媽祖原本只是一個普通的聖人，在世時（十世紀）受福建人當成觀音[72]的化身來膜拜；觀音是佛教的慈悲女神，負責守護靠海維生的人。福建出身的冒險家們將媽祖帶到福爾摩沙以後，這個神明脫離了佛教諸神的行列，成為首屈一指的女神；媽祖保護水手、士兵、農民。這個粗獷的民族打造出一個符合自身形象的偶像；一年到頭、從早到晚，供奉媽祖的廟宇總是人聲鼎沸、萬頭鑽動，無數民眾湧進這個充滿汙穢與臭味的地方，請媽祖指點迷津。廟裡有一種類似響板的木塊，一面平坦，另一面呈圓弧形突出，信徒可以取用一對，舉高到額頭前方，口中喃喃禱告，然後猛然鬆手，讓木塊落在祈禱堂的地板上：病人會不會痊癒？渡海會不會順利？收成好不好？這些問題的答案要看響板掉落時的狀態：正面還是反面？兩個響板是同一面，還是相反？如果樣式不對，就要重新開始；第二次又不成：那就繼續玩下去，氣氛愈來愈焦急，令人彷彿置身博弈現場。

回到嘉義；阿里山小鐵路把我們載到番人區；這是一條艱險的鐵路，主要用途是運送木材；它攀上高山，深入峻嶺，迂迴推

69　原文按日語發音拼寫為Hokkô。

70　按日語發音拼寫為Kagi。

71　原文拼寫為Maso。

72　原文拼寫為Koanyin。

進，在無數隧道中盤旋曲折，若無其事地與峭壁相依，時而沒入不可思議的植被，這時但見香蕉樹如高草般濃密，一簇簇香蕉垂落在伸手可及之處；到了更高的地方，景色變得森嚴而壯麗：千年巨木見證過遙遠的古老年代，卻遭現代工業判處極刑；它們被劈倒、糟蹋、截斷，由小鐵路運載下山，然後被機器的爪牙攫住，任憑美國電鋸的利牙啃噬。在去程和回程的路上，一群不期而遇的免費乘客坐進空置的敞車，帶來不可多得的浪漫情景，他們是貨真價實的番人，身穿皮革外套，頭戴無邊皮帽，腰間掛著駭人的彎刀，肩上背著獵槍；有時夫人會和先生一同出現，還有小孩跟在身旁；一家人彷彿搭上遊園火車，歡樂無限，然後高高興興地返回他們居住的密林。從海拔將近三千公尺的阿里山山頂，視野環抱這些仍維持原始狀態的森林，雄偉的新高山（英國人所稱的摩里遜山）[73]巍峨聳立在前方，那是日本帝國第一高峰，海拔四千三百公尺。

另外一個旅程是從首都前往番人區，這個行程同樣輕鬆，風景也同樣秀麗。搭乘一個小時的火車，加上半個小時的汽車，就會來到小城桃園[74]。旅客在這裡坐上四輪板車，車上有一張草椅；兩名健壯的中國人在輕便軌道上推動板車，朝角板山[75]前進。在長達五小時的艱苦上坡路途中，偶爾出現幾個令人暈眩的陡降路段，這時旅客與苦力會在板車上和睦相依，讓車子飛速下滑；狹窄的小橋越過一條條溪澗、急流和深谷。來到一處停靠站，看到

---

73 原文按日文發音拼寫為Niitakayama，即玉山。
74 原文按日語發音拼寫為Toen。
75 原文按日語發音拼寫為Kappanzan，位於今桃園市復興區。

一間駐在所（派出所），這就是「番區」的入口；如果沒有特別許可，就不能進入。這是泰雅族的地盤，這個族群以獵人頭出名。

冒險的氣氛濃厚起來了。遼闊的茶園鋪陳在眼前，這裡種的是福爾摩沙的重要財富——烏龍茶，在這個蠻荒地區，茶樹卻獲得比其他任何地方更好的照顧。再往前一些，會看到一棟茅屋，裡面是樟腦蒸餾廠，這是一間相當原始的工廠，樟樹的刨花在一個粗糙的蒸餾鍋內以滾水浸漬，然後盈滿珍貴微粒的蒸氣灌進泡在流水中的缸槽內冷卻。這個地區可謂樟腦王國，在這個島的北部，樟樹生長得宛如雨後春筍。政府將樟腦收歸國家專營，興建許多模範工廠，總產量高達全世界的四分之三。「推車」（push-car，這是通往角板山的奇特車輛的正式名稱；整個福爾摩沙島上都設置了這種推車運輸網路）繞經一座長長的背斜谷，逐漸接近一座俯臨兩條溪流的陡峭山嘴，可經由一個狹長半島通達，這就是角板山。

這裡沒有村莊，連小小的聚落也沒有，只有一間前哨駐在所。不過這裡的警察是文明的傳道者；其中一名警員擔任老師；來自附近村莊的男女學童到這裡學習日語、漢字、算數、歌唱、美術。由於距離太遠，孩童無法當天返回父母的小屋，因此他們會睡在日本營區中的宿舍；不時有人前來造訪：有時是某個前額有刺青、腰間掛彎刀的父親，他需要找警察，因為槍枝都由警察保管，必須有正當理由——打獵——才能借出；有時來的人則是從嘴巴到耳朵都有刺青的母親，她把一些自家生產的物品帶到「交換所」，其中包括繽紛多彩的織品，還有一種重要商品——雨季時所有人都會穿的樹皮外套。她要求用這些產品交換各種家

務器具或布料。番人家庭就這樣逐漸習慣比較舒服的生活；十五年前，角板山還是文明世界最外圍的邊界；今天，這一帶變得平和、安全、生機盎然，警戒線得以前進二十多公里，進一步深入這個由海拔四千兩百公尺的希爾維亞峰[76]所主宰的山區。

有了秩序與和平，財富隨之而來。除了漢人在全島廣泛栽培的稻米，日本也引入甘蔗。甘蔗產業年年出現驚人成長，目前福爾摩沙到處都是蓬勃發展的甘蔗農場。拜嚴格的生產控管之賜，福爾摩沙的茶葉流通到世界各地。政府掌控五項專賣：鴉片在一八九六年成為政府專營，不過經過一連串的限制措施，這個產業後來幾乎完全消失；樟腦也由政府壟斷，出口額超過一百萬日圓；鹽的出口量超過十萬公噸；菸草每年帶來一千萬日圓的收益；最後一項政府專賣是酒類。

日本有權為它的成就感到驕傲；這種成就可以與我國在印度支那的殖民成果相提並論，而且這麼說絕無誇大或貶低的成分。兩個國家採用的方法或許不同，但結果都令人與有榮焉。法國在越南東京，日本在福爾摩沙，兩國的路線日益趨近，彷彿成為志同道合的夥伴，同為文明大業奉獻。

76　即雪山。

抗日活動的相關消息

在一八九五至一九四五年的日本治台期間，法國媒體很少談到台灣，只是偶爾報導日本帝國在島上建立權威的過程中所遭遇的困難。法國評論者大都抱持支持日本帝國主義的立場，認為日本在台灣實行文明大業，就像法國在他們心目中以文明啟迪各個殖民地。另一些評論者在一九三〇年代開始譴責日本對台灣的占領統治乃至整個殖民主義在根本上蘊含的束縛與暴力。

自從中國透過《馬關條約》將台灣割讓予日本之後，法國《政治與文學辯論報》（*Journal des débats politiques et littéraires*）便在一八九五年七月八日報導了這個事件帶來的轉變。

根據來自福爾摩沙的情報，巡撫與統領部隊的大將軍決心在日本人抵達並占領福爾摩沙島時全力對抗。法國人對這位巡撫和這位大將軍已略有所知：前者是唐景崧[77]，他曾在越南東京指揮一個軍團；後者則是劉永福[78]，他曾在我國與中國交戰期間擔任黑旗軍將領。這兩人肯定勇武過人，並率領一批驍勇善戰、忠心

---

77 原文拼寫為Tang-King-Song。
78 原文拼寫為Leou-Yong-Fou。

耿耿的士兵，但他們手下的其他部隊成員都是一些從鄰近省分倉促雇用的苦力，面對日本人的進攻，想必無法招架。日本人似乎因此很快就得以入主福爾摩沙，旋即致力發展原本已經具有一定規模的商業。一八九四年，福爾摩沙的進出口總額就已高達一二，六九五，〇〇〇銀兩，海關稅收達一，〇三四，〇〇〇兩。由這些數字可見，對中國而言，將這個島嶼割讓給日本無疑是一項重大損失。

曇花一現的台灣民主國之所以成立，目的是設法阻止日本奪取台灣，它曾向法國提出呼籲，提議法國在島上建立保護國。這個做法很可能是陳季同的主意，陳季同曾留學法國攻讀政治學，他參與台灣民主國成立宣言的起草工作，並擔任民主國外交部長。不過這個一八九五年五月二十三日正式成立的國家只在台北維持了幾天，然後日軍登陸，民主國以武裝反叛的形式在台南存續，直到十月分日本控制台灣全境為止。巴黎方面沒有真正聽到福爾摩沙對法國的呼籲，因而從來不曾回覆；沒有任何紀錄顯示法國當局在日本據台成為既定事實以前，有思考這個問題的時間。

一八九七年七月二十日的《政治與文學辯論報》針對日本政權在福爾摩沙的建立及其所面臨的挑戰做了詳細報導：

透過《馬關條約》被中國割讓給日本的福爾摩沙從五月八日（一八九七年）開始邁入一個新的階段：在這個日期以前，居民必須在兩個選項之間做出抉擇：離開台灣，繼續當中國子民；或

者經由繼續留在島上這個簡單事實,接受自己自此成為日本國的子民。五月頭幾天,總督發電報到東京,說明台灣島上的人民似乎不在乎國籍即將變更一事,到處顯得平靜祥和。其實他已經聽取過與此相反的看法,但他太晚明白那些看法的價值:五月八日凌晨三點,三千名中國人湧進台北附近的村鎮,並洗劫位於郊區的大稻埕[79],在那裡焚毀三十多棟房子。日本部隊接到警訊後火速採取行動,不過大部分的部隊被敵人的計謀欺騙,朝錯誤的方向前進,只有一支分遣隊被派往主要攻擊地點——大稻埕,而在日軍抵達時,叛軍早已大肆破壞。經過激烈戰鬥,攻擊者被擊退,現場留下一百多名死傷人員,並有二十多名叛軍成為日軍俘虜。裝備較佳、也更有紀律的日軍折損的人員很少,其中包括海門號戰艦的一名海軍上尉及七名水兵,當時戰艦停泊在港灣,決定派出幾艘小艇的人員前往支援。儘管中國人在早晨失利,但他們還是在當天下午五點就重新發動攻勢,不過再度遭日軍擊退。這兩場攻勢一共導致他們犧牲三百多個人。五月十四日原本還有人打算起義,不過這次當局事先採取壓制措施,有效防止造反行動發生。

　　總督對自己在事件中措手不及的表現感到羞恥,於是寫了一封信給天皇,表達道歉與遺憾的心意,並承諾此後將比過去更加警覺。他必須在六月間前往東京述職,一方面解釋他的行事方式,另一方面說明他對治理殖民地的想法。一般認為過失並不都在他這一邊:他擁有的部隊數量不足,通譯人數也太少,日本報

79　原文按閩南語發音拼寫為Touatoutia。

紙《中央新聞》則指出，如果政府不採納他的意見，他有意辭去總督一職。

　　五月八日的造反發生在台灣人的日本國籍生效當天，這點值得福爾摩沙島的新主人深思：叛軍選擇的日期，以及他們在當天清晨第一次流血失敗以後立即試圖對大稻埕發動第二次攻擊一事，都為這個事實染上某種政治色彩，顯示島上有一股堅決反對外國支配的抗議心態。日本當局要讓福爾摩沙人喜歡日本國旗，是否比最初以為的更困難，也必須耗費更多時間？最近的消息告訴我們，光是在台南，就有三千名中國人準備移民：這些都是有錢人，他們有能力支付返回祖國的費用；不過除了他們以外，有很多窮人被迫留在原地，由於他們痛恨日本人，他們可能在未來很長一段時間內繼續製造嚴重的麻煩；有人發現，大稻埕被洗劫時，外國人的產業受創特別嚴重：叛軍是否企圖使日本與其他列強發生矛盾？

　　話說回來，日本人對他們的殖民地的未來充滿信心。目前總督正在按照東京方面的命令，組織本地部隊，就像法國與英國在他們的主要非洲或亞洲殖民地的做法一樣。七月一日，新的募兵制度就會開始實施。今年為了節約預算，只會募集六百四十名兵員；明年將成立六個具有作戰能力的連隊，三年後則將有六個完整的營。服役年限定為四年常備役加上四年後備役；軍餉是每月八日圓（二十法郎），其中扣除兩日圓作為伙食費；這個薪餉的計算依據是島上的現行薪資水準。服裝由國家提供；不過本地軍人可以保留中式服裝以及難以強迫他們放棄的髮辮；日本軍服不具強制性。不過紀律要求將與日本部隊相同，武器裝備很可能也

一樣。有了這支熟悉當地環境、會說當地語言、與居民的風俗習慣也相同的小小殖民地部隊，日本當局希望很快就能達成平定全島的任務。

　　不過達成征服目的並不代表一切；殖民當局還必須有效組織征服地的事務，而截至目前為止，儘管殖民母國已為此支出數以百萬計的金額，福爾摩沙仍舊處於全然混亂的狀態。日本的報紙充滿對島上殖民政府的嚴厲批判，隨時都會出現殖民地日本公務員貪汙的消息：某某人身無分文前往該地，不久後就靠賄賂、賭博或厚顏無恥的敲詐行徑，累積大筆財富，如最近一家東京報紙所指，「駐福爾摩沙公務員」這個稱呼已經成為「土匪」的同義詞。

　　這種情況使所有力求為國家建立良好名譽的人士大為震驚，最後改革的時刻終於到來。天皇剛簽署了一份徹底調整福爾摩沙行政制度的提案，讓正直而有能力的人逐漸取代那些仍在島上占據太多公職的掠奪者與無能者。除了總督以外，據傳最近這些事件的可能犧牲者之一不外乎拓殖務大臣[80]高島子爵[81]。針對這個議題，重要日報《日本新聞》[82]刊文寫道：「我們有拓殖務大臣只是因為我們擁有福爾摩沙；若以具體成效評斷，廢除這個職務不會造成什麼困擾，因為拓殖務省的大爺們成天無所事事，反觀外務省人員卻終日忙著處理國民移民夏威夷、巴西、墨西哥及南方

80　譯注：即殖民地事務部（拓殖務省）部長。日本於一八九六年四月為監督台灣總督府而成立拓殖務省。

81　全名為高島鞆之助。

82　法文原文為le Nippon。

島嶼的事務。」無庸置疑，確實的改革是當務之急：現有流弊如果持續存在，不僅將導致日本與其新子民之間出現重大矛盾，還將嚴重損及日本作為殖民民族在世人眼中的名聲。務須及時遏阻這些危險，否則日後可能出現非常嚴重的後果。

儘管如此，在日本殖民期間，叛亂活動仍舊持續上演，因而法國的報紙偶爾會報導殖民當局與台灣民眾（尤其是原住民）之間的零星戰鬥。例如一九○二年二月五日的《吉爾布拉日報》（*Gil Blas*）刊登了以下報導：

根據台北方面的消息，福爾摩沙的居民在十一月二十四日（一九○一年）攻擊台北政府辦公廳，以及樸仔腳[83]支廳，殺害二十名公務員以及他們的家屬。同一天，另一幫人攻擊東石港[84]，不過被駐軍擊退。

一九一四年三月二十二日的《明鏡》（*Le Miroir*）畫刊也有報導：

日本人在福爾摩沙是嚴厲而粗暴的主宰者，不過他們也有賢明的一面。殖民福爾摩沙十八年來，日本人在海岸地區的建設成果有目共睹，不過在內陸地區，過去在漢人進逼下不斷造反的番

---

83 原文按日語發音拼寫為Bohushikyaku，即今朴子市。
84 原文按日語發音拼寫為Toschiko。

人現在也竭力反抗日本統治。最近又發生一場起義行動，但遭到當局強力的血腥鎮壓。（……）

日本人很聰明，他們一下就明白他們對福爾摩沙的年老住民不能有任何指望；因此，他們沒有浪費時間把歐洲文明間接強加在這些人身上，只是設法確保他們不會擾亂社會。反之，他們將所有精力灌注在兒童教育，因為他們認為兒童是未來的合作者。無數學校在全島各地成立，日本教師在學校中展現令人尊敬的權威，雖有強硬的一面，卻不至於太嚴苛。

十五年後，殖民當局的努力仍不足以平定整個台灣島。持反殖民立場的法國共產黨報《人道報》（*L'Humanité*）在一九三〇年十月三十一日撰文抨擊發生在霧社山區的「霧社事件」。這是整個日本治台時期最血腥的戰鬥之一。事件導致賽德克族原住民數百人喪生，日本人有一百餘人死亡，日軍甚至動用了化學武器。

來自日本的官方新聞顯示，福爾摩沙島上由於土著起義反抗日本帝國主義，爆發非常嚴重的戰鬥。

根據台北（福爾摩沙）方面的報導，昨天土著在霧社[85]發動反擊，兩名警察在猛烈戰鬥中喪生。

一個步兵連被派往霧社支援警方。目前已發現八十具屍體，另有三百零八人受傷。

85　原文按日語發音拼寫為Musha。

官方消息指出，事件爆發時，居住在附近行政區內的兩百七十一名日本人及四百三十八名福爾摩沙人失聯，其中八十六名日本人及一百一十二名福爾摩沙人後來已被尋獲。其他人目前下落不明。能高郡守[86]慘遭殺害。日軍與起義民眾發生激烈衝突後，於昨天上午八點占領叛亂區的中心地帶，造反者則退守在山林，持續威脅武裝特遣隊。日軍飛機繼續執行其犯罪任務。

法國共產黨報《人道報》（*L'Humanité*）刊頭。

---

86 能高郡是當時台灣中部的一個行政區，範圍涵蓋霧社；原文按日語發音將「能高」拼寫為Noko。

在巴黎喝杯台灣茶
（一九二五年）

　　透過法國人的眼睛，我們再次見證了充滿艱辛磨難的台灣歷史，而在這個高潮迭起的旅途末尾，我們需要多幾分溫柔的滋潤；此時喝杯好茶應是不二之選。

　　說到喝茶，在一九二五年的巴黎萬國博覽會（現代產業暨裝飾藝術國際博覽會）中，日本館特別在塞納河畔打造雅致露台，供參觀者享用福爾摩沙茶。日本非常驕傲地向世人展現福爾摩沙這個殖民地。提供「福爾摩沙茶」的亭閣位於亞歷山大三世橋邊，剛好面對塞納河左岸的法國外交部。茶館以斗大字體標示，從橋上即可清楚看見。

　　一九二五年巴黎博覽會的日本館也展示了一些在福爾摩沙製造的裝飾藝術物件。我們可以看到蛇皮手提袋、手杖及菸盒、苧麻和馬尼拉麻纖維製品、白珊瑚、紅珊瑚等。另外還有用蓪草（學名aralia papyrifera）製造的台灣紙。在巴黎展示的台灣紙出自台灣金泉發蓪紙株式會社，這家公司於一九二〇年代初期創辦於新竹，並持續向附近地區的原住民採購原料。

　　茶館既提供日本綠茶，也有台灣烏龍茶。日本館的總目錄用以下文字宣揚福爾摩沙茶：

「歡迎參觀日本館附設茶館，品嘗真正的福爾摩沙『烏龍茶』」

這是最頂級的茶，

因為長期以來，它的細緻香氣和微妙口感一直受到世界各國的推崇，

因為它純淨自然，可以像喝水般盡情飲用，不必擔心對身體造成負擔，

因為，只要以適當方式泡茶，茶水就會呈現非常迷人的色澤，與醉人香氣、絕妙口感相得益彰，成為最爽口怡人、最能帶來暢快感受的飲品；

因為它非常實惠，只要一磅茶葉，就能泡出兩百五十杯好茶。

根據博覽會期間巴黎報章刊登的慶祝活動表，福爾摩沙茶展覽亭的品茶活動還有「交響音樂會」助興。熱騰騰的溫度，細緻複雜的香氣，幾分苦澀滋味，以及無窮的能量，台灣的歷史或許終究都蘊含在一杯福爾摩沙茶中……

一九二五年，巴黎萬國博覽會期間設於塞納河畔的「福爾摩沙茶」展亭。（圖片來源：Wikimedia Commons）

一九二五年，巴黎萬國博覽會的日本館。

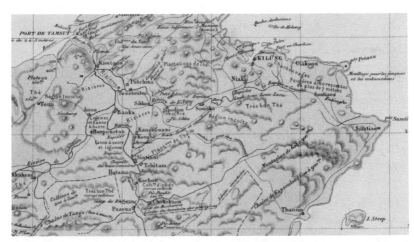

福爾摩沙北部地圖所標示的茶葉產區，刊於一八八五年的《地理學報》（*Bulletin de la Société de Géographie*）上。本圖根據一八八四年法國士兵實地調查等其他資料來源所登錄，其中位於現今新北市平溪、三峽等區的茶園特別有名。

後記

　　當我開始在早期的法國文本中尋找昔日同胞對於台灣這個主題會寫些什麼東西時，只預期能找到少許間接提及這個島嶼的文字——散落在有關亞洲的整體敘述中。因為在這本書涵蓋的三百年歷史中，除了一八八四年中法戰爭期間在基隆與澎湖那幾個月令人遺憾的接觸，法國在台灣的確從未扮演過重要角色，也不曾在政治、商業或傳教等方面真正立足。十八世紀及十九世紀期間，確實有一些人興致勃勃地建議法國政府殖民福爾摩沙，但這些提議不曾有著落，最終法國在遠東殖民的地區是印度支那，以及太平洋上幾個如今仍是法國領土的群島。

　　法國國家圖書館已將一大部分典藏資料數位化，儼然為所有歷史研究者提供一座極易挖掘的黃金寶庫，我因而得以找出相當數量的文獻，而且其中某些文本相對鮮有人知，尤其是一些曾在

福爾摩沙待過一段時間的法國旅行者所撰寫的第一手見證。將這些文本匯集起來以後，竟然共同展現出堪稱一部「台灣小說」的文學特質！

◀ 是歷史學，還是文學？ ▶

不僅如此，或許我們更應該將這本文集視為小說以及文學作品，而不是歷史學家的研究成果。我在本書〈導言〉中已經提過，無論見證者有多認真，無論他們懷抱多少善意，他們仍舊經常把事情弄錯；他們的目光是不完整而具選擇性的；有時他們可能有意或無意地說謊；他們也都抱持某些成見，使他們的觀感有所扭曲，或朝特定方向偏移。在一七一五年的信函中，馮秉正神父就已清楚告訴我們，外國訪客在異國遊歷時，通常只看到這些國家的一小部分，難以達到整體的了解。因此讀者在面對這些文本時，必須發揮最高度的批判精神，並藉由與其他資料的比對和辯證，設法找出撲朔迷離的歷史真相，特別是要去看真正的歷史學家所做的研究，因為他們對過去的事件提供更富有論據的看法，而這些見解的建立基礎正是龐雜史料及多元觀點的交織與印證。

話雖如此，除了關照歷史學家所書寫的歷史，直接接觸第一手資料及原始文件依然有其珍貴價值。因為，每個當時的文本都在提醒我們，那些事件的發生，以及那段歷史中不同角色所採取的決策，是在什麼樣的智識脈絡與心理情境中產生的結果。因

此，與這些原始文件的正面接觸首先能讓我們警覺到時代倒錯的危險，也就是說，在解讀過去時，不考量我們或我們所屬世代的經驗與過往歷史中世人的實際經驗之間有什麼差別；這種解讀方式因而忽略了感知方式、可用的理解工具以及當下的主流價值在不同時代的改變。倘若我們不能清楚意識到，在維繫世代間關係的連續性元素之外，集體心態在過去與現在之間也發生過這些變化，我們就難以理解歷史以及前人所做的種種選擇。

另一方面，這些原始材料還提醒我們，人類歷史的建構基礎也包含這些偏見、誤解、感知缺陷、既成習慣、隱而不顯的行為標準，以及欠缺思慮的本能反應；這些因素都可能成為歷史塑造者的行事動機，然而他們對此至多只會有一些朦朧的意識。這些動因至少與有意識的理性思維一樣，可以說明歷史採取的走向、前人對各種清晰可辨且獲社會成員充分了解的利益所做的結構化辯護，以及其他所有明確而有條理、我們通常試圖據以理解前人作為以及擬定自身行動的決策因素。因此，在比較理性而細緻的概念架構之外，由資訊不充足的普通見證者所講述的故事其實非常有助於闡明人類的演進歷程。儘管這些見證包含某些固有缺陷，但它們卻弔詭地促進了我們對歷史的理解。

除了這種敘事上的主觀性，這本文集的另一個特徵是文本選定者的介入所造成的扭變：雖然本書提供給讀者的文本完全遵照原有的出版內容，但仍舊是經過篩選的結果，而這種選擇必然使歷史陳述的意義帶有某種特定導向；選定某些主題而非其他主題，捨棄一些比較枯燥無趣的文本。我們優先挑選出來的主要是直接見證者（在福爾摩沙有過真實體驗的人）的撰述，其次則是

某些補充性質的文章，供讀者意會不同時期的法國人對台灣的觀感，或用來填補兩篇記述之間的空缺。由於這個選集只採用在文章撰寫的年代就已經出版的作品，它自然不可能網羅與這個時期的台灣歷史有關的所有法國文獻。或許還有不少資訊散布在個人文件、書信、未出版的遊記中，以及公共檔案，尤其是法國外交部與國防部的檔案資料。

◀ 這些古老文件可以告訴我們什麼？ ▶

　　當然，我們希望這些文本能為今天的讀者帶來某種意義，特別是台灣的讀者——這本書的出版正是為台灣讀者構思的。如果我們仔細思考這個問題，會發現其實對現在的台灣人而言，他們的島嶼在三、四百年前的樣貌，可能跟那個時代來自地球彼端的訪客所見的情景一樣陌生。地理距離與文化差異在那些昔日法國人內心所觸發的驚奇與訝異，或許與今日台灣人在看到十七世紀的福爾摩沙時可能感受到的奇異、陌生，甚至是某種弔詭的異國情調並沒有太大的不同——那是一個主要居住著平埔族原住民的島嶼，一個臣服於一家荷蘭貿易公司、與日本從事鹿皮買賣的島嶼；如今那些居民的文化幾乎已經蕩然無存，而當時那些主要村社的名稱在今天也不再能召喚出任何意義……

　　因此我下了個賭注：我假定現在的台灣人能在這些篇章中找到足夠的材料，讓自己驚嘆於自己的歷史，或許從中發現一些過去不知道的故事，並在看完這本書以後，想要進一步探索與台灣

社會的過往有關的知識。我的願望是讓更多今天的讀者有機會接觸到這些昔日的法文文本，而在這個部分，我要特別向本書譯者徐麗松先生致意，他成功將這些經常以古老而艱深的法文寫成的作品翻譯成中文，使這個接觸機會成為可能。

◀ 直面審視殖民主義 ▶

在審思歷史上一連串對台殖民事業的同時，在此還是有需要再度強調一點：殖民行動不合理且不道德的性質在今天早已毋庸置疑。沒有任何理由能用來辯解或寬恕某個人類群體靠蠻力將自身意志強加於另一群體，或以強制方式對其進行經濟剝削的行為。必須對自己先祖的作為投以如此批判的眼光，這當然不是輕鬆愉快的事。不過面對這種不自在的感受，我們聊以自我安慰的方式是歌頌一些具有人道胸懷的先人；在那個年代，在那種整體上堅信歐洲優越性的社會氛圍中，有一小部分人曾竭力主張廢除奴隸制度與殖民制度，大膽捍衛全人類的平等。我們可以試著依循他們的精神，擘畫人類社會與族群關係的未來。

在這本文集的某些段落中，我們可以看到一些猶疑的時刻，感受到敘事者原本堅信不移的想法因為他們的實際經驗而產生些許動搖。舉例而言，關於殖民這一概念，以及某個民族憑藉暴力對另一民族實施的支配，馮秉正神父在十八世紀初期就為漢人盜取原住民的黃金、且其犯行不受懲罰一事感到憤慨。至於歐洲人的優越感，法國士兵莫里涅爾在一六五〇年代也曾表現出疑惑的

立場；他發現漢人有正面的部分（「熱衷做生意和讀書」），也有比較負面的部分（「他們心思靈敏，也相當狡詐」），不過同時他還指出自己不會低估漢人。

除此之外，與原住民的接觸也讓這些見證者有機會思考優越感的問題。例如馮秉正神父在談到這個主題時曾寫道：「儘管漢人的一些格言指出這些本土民族的野蠻，可是我相信他們再怎麼野蠻，也比大多數著名中國哲學家更接近真正的哲理。」不過必須注意的是，在這些觀察者眼中，原住民文明的優點經常是在與中國人（而非歐洲人）比較的情況下顯現出來的，而引發他們批評的，是漢人墾殖者在台灣的行為表現。甚至到了一八六八年，杰韓副領事還特別直白地悲嘆福爾摩沙最終是由中國人殖民，而不是成為荷蘭的殖民地；他認為荷蘭人才可能讓原住民有機會學習「如何生活和維護自己」，而漢人只是「剝奪原住民族的一切，卻什麼也沒讓他們學到」……至於駐日東方學者希爾梵‧列維，他在一九二九年認為日本殖民台灣有理，即使是那些最殘暴的統治形式也無可厚非（例如他對一名德國民族學者批判日方出動飛機轟炸原住民一事顯得不屑一顧）。不過他之所以有這種見解，只是因為他將日本的殖民主義等同於歐洲各國的殖民主義（特別是法國在越南東京地區的政策），認為那是帝國主義列強在「同為文明大業奉獻」的旗號下團結一致的表現。

還有一點必須說的是，雖然嚴謹意義上的「殖民主義」是一個歐洲的概念，不宜無條件用於所有形式的對外制壓行為，不過台灣在這方面的歷史確實令人震撼；我們發現在過去四百年間，台灣島一再成為來自不同地方的勢力競逐控制權的對象，各方不

斷為取得台灣的土地及對台灣居民的主權而爭鬥。西班牙人、荷蘭人、來自福建或廣東及其他地區的中國人、遊走國際的商人兼海寇、大清皇帝、日本皇帝,以及中國大陸失守後退居台灣的國民黨將士:覬覦台灣島控制權的勢力快速輪替,是這個島嶼在近幾個世紀中的歷史特徵。

有鑒於這樣的過往,台灣人民有充分理由對今天享有的自由、和平與民主狀態感到慶幸,儘管台海兩岸衝突的危機依舊存在。台灣以優於其他地區的方式克服了殖民遺產的重擔。我們知道殖民主義的「磁滯現象」很難擺脫;的確,即使是在解除殖民之後,政治支配及經濟壓榨的機制經常依然存在,只是操縱者有所改變;本地菁英取代原有的殖民主宰者,掌握悉心維持或只是在表面上撤除的剝削工具,並據以獲取利益。台灣在數十年間也經歷過這種「磁滯」,然後政治與經濟參與機會才逐漸在平等原則下向全體人民開放,不再只保留給一九四九年以後退守台灣的蔣介石派人士。這個民主轉型過程之所以能成功,靠的不外乎是堅決的政治意志、某些人的犧牲、一次又一次的政黨輪替,以及眾人付出高昂代價爭取和捍衛的輿論自由與媒體自由。

◀ 一個不變的常數:性格驃悍的人民 ▶

閱讀這些早期文本時,我們除了觀察到各種由時間的積累所造成的改變以外,也會發現某些跨越時代的連續性,而這種連續性有時比改變更令我們訝異,因為我們畢竟傾向於預期改變會發

生。在這些令人驚奇的不變常數中，本書的法國記述者們很早就注意到台灣人不願輕易服從的反骨性格。

我們看到，早在十七世紀，荷蘭人就必須使盡渾身解數，以殘暴手段壓制原住民及漢人的造反行動。法國駐廣州領事菲利浦·維耶亞爾在一七八四年提到，大清政權對發生頻率相當高的起義事件感到懼怕；他將這種驃悍的性格取向歸諸於兩個原因，一個是台灣漢人的結構組成——主要是「鄰近省分的不滿分子」以及「因為賭博或沉溺於不法娛樂而傾家蕩產的人們」——另一個原因則是「土著的風俗習慣」對島上所有居民的影響。一八七〇年，《縱橫中國》作者雷昂·胡瑟則指出，「福爾摩沙的漢人精力充沛、幹勁十足；不過因為享有相對獨立，他們變得比較騷動」，他認為這種民族性是從海寇鄭成功的時代傳承而來。造反活動不曾停止，在整個日治時期，起義事件仍舊層出不窮。在幾個世紀中，台灣人民一直令歷代統治者感到頭痛，統治者經常被迫做出妥協，以審慎的方式行使權力，直到一九四五年之後的國民黨時代；而國民黨在面對一連串抗爭與被迫讓步之後，終究也讓民主在地紮根。

◀ 另一個不變常數：一個全球化的海島 ▶

在這些令人驚訝的不變常數中，我們也看到台灣島對人口移動與國際商貿非常開放，也很早就參與了各階段的全球化過程。在歐洲人來到台灣以前，鹿肉及鹿皮交易已經存在於台灣原住

民、中國人與日本人之間。最早期的漢人墾殖者從一開始就與中國大陸上的家鄉省分進行貿易。十七世紀期間控制台灣島一大部分地區的兩個最早期的主權勢力——先後分別是荷蘭東印度公司和鄭成功建立的東寧王國——都以發展國際貿易為建立統治權的主要目的。荷蘭人將台灣納入由中、日、台、歐所構成的四角貿易結構，其中台灣的功能是作為生產地及商品轉運口岸。

接下來是一段相對封閉的時期，大清帝國同時控制大陸地區人口往台灣的移動以及台灣與第三國的貿易，但台灣海峽兩岸間的貿易依舊持續——馮秉正神父在一七一五年的記述中提到，在一天之內，就有超過六十艘從中國大陸開往台灣的船隻抵達澎湖港。然後淡水港也逐漸開放國際貿易，十九世紀中期先以非正式的方式進行，一八六○年以後則正式開放。根據雷昂・胡瑟的描述，一八七○年時，那裡的出口物資包括「稻米、柑橘、糖、樟腦、樟木、麻，一種英國人稱為『中國草』的蕁麻（即苧麻），以及靛藍、米紙」。在此之前不久，蘇格蘭人約翰・陶德（John Dodd）於一八六七年定居台灣，開始出口茶葉，茶葉隨即成為福爾摩沙的主要出口品之一，特別是外銷到英國和美國。

十七世紀開始出口糖、鹿肉、鹿皮；十八世紀起加上鹽、稻米、菸草、棉布、麻布、苧麻布、藥草、硫磺；十九世紀，除了上述商品以外（不過少了當時無疑已經逐漸消失、需求可能也已減少的鹿），又多了樟腦、柑橘、靛藍、米紙、茶葉、煤炭；而後日治時期再加上木材：本書匯集的文本共同描繪出一幅逐漸豐富多元的出口圖像。這個清單還不包括真正的工業產品，不過某些源自農業的產物已經透過具有一定複雜度的技術轉化成高附加

價值商品，包括糖、樟腦油、茶葉等。

最近數十年來，工業生產成為台灣經濟的大宗；因此就總量而言，在目前台灣的國民生產毛額及出口總值中，前述產品自然扮演比較邊緣的角色，儘管部分產品仍然具有策略上的重要性（舉例而言，在這個糧食供給安全仍是主要關注議題之一的時代，稻米就至關重要），或在文化層面有其舉足輕重的意涵（例如茶葉，這項產品的價值堪比葡萄酒之於法國，兩者都是具有關鍵意義的文化媒介，滿載集體熱情、認同意識、社會實踐、城鄉連繫……等元素）。無論如何，台灣作為一個國際化的開放經濟體（目前進出口額在世界貿易組織成員國中名列第十七名）完全不是新的現象，而是一場從十七世紀開展的運動持續進行並大獲成功的結果。

◀ 關注原住民 ▶

這些昔日的法文文本召喚我們關注台灣原住民的歷史、他們扮演的角色以及他們的重要地位，而這些有時都受到忽略。十七世紀時，台南地區乃至荷蘭東印度公司控制下的整個台灣西南部是許多平地原住民族的生活場域，這些族群畫分成具有政治組織的村社，並被殖民當局視為重要對話者（同時也是重要的納稅人！）。在那個年代，這個地區的漢人移民是少數族群，即使他們已經在許多原住民部落扮演商業中介者的角色。本書各篇章的記述也提醒我們，所謂「山地原住民」所居住的台灣東部是在非

常晚近的年代才被視為大清帝國的一部分（例如十八世紀初期歐洲耶穌會修士繪製的地圖就可證明這點），一直要到十九世紀中葉以後，由於漢人移民擴張，以及將這些土地納入帝國管轄的政治意圖逐漸出現，這個地區才慢慢被畫歸大清版圖。歷經數十年的努力，以及一次次的衝突與武裝戰鬥（這類行動持續到日本殖民時代），這項企圖才終於實現。

　　閱讀這些文本時，我們也意識到台灣原住民的歷史在多大程度上受到壓制與暴力的主宰，一直到二十世紀仍舊如此；我們可以體會他們的歷史充滿多大的悲劇色彩。這些族群在歷代侵略者的蠻力屈服下，目睹自己的土地逐漸被蠶食鯨吞；平埔族原住民甚至在漢人文化憑藉人口的力量取得支配優勢後，幾乎完全遭受同化。馮秉正神父在一七一五年就提到，台灣三大行政區（台灣縣、鳳山縣、諸羅縣）的行政首府主要居住的是漢人，在這些城市中，「唯一能看到的本地原有居民全是為漢人服務的僕人，說得更確切就是奴隸」。杰韓副領事則在一八六八年語重心長地提出原住民的生存空間與資源在漢人伐木者進逼下逐漸消失的問題。因此，今天我們批判「殖民」這個歷史進程時，我們也應該以相同的批判觀點審視台灣原住民被迫一步步臣服的過程。

　　正如所有在歷史上曾有部分族群遭受壓迫的地方，在當前的台灣，如何保護原住民的土地資產與文化資產，增進原住民參與政治、接受教育、從事經濟活動的機會，以確保針對在人口方面已成少數的原住民被壓迫的條件不再成立，無疑是一項重要課題。同時，這方面的叩問與經驗也為台灣提供一個意義深遠的題材，可與世界上其他背負相同歷史重擔的社會進行交流與合作。

◀ 女性的角色 ▶

　　這本文集中的所有文本都是出自男性的手筆。在十九世紀末期以前的法國，女性很少出版作品。而且，相較於男性，女性旅行到天涯海角的情況也還相當罕見——海員、商人、軍人、傳教士、外交官、科學家，這些工作過去都是男性的專利。十九世紀中葉以後，才開始有法國女性前往亞洲傳教（例如聖嬰耶穌修女會〔Sœurs de l'Enfant Jésus〕的成員於一八五二年在馬來西亞的檳城開設了第一間女子學校），然後是第一批女性科學家，第一批女性探險家……

　　因此，在本書收錄的文章中，作者們的記述給予女性的能見度偏低，而這其中必然含有偏見的成分。不過女性能見度低想必也與當時的社會實況有關，因為那時的女性有時還處於相當邊緣的狀態，主要扮演屈從的角色。在十七世紀中期，法籍士兵莫里涅爾就帶著責難口吻指出，漢人婦女被迫關在家裡，出行時必須戴面紗並且有人陪同，她們因為纏足習俗導致行動不便，也不能與男人同桌用餐，男性則可以休妻或把她們賣掉，「好像在販賣一般的商品」。為荷蘭東印度公司服務的不知名「紳士傭兵」在觀察一六三〇年代的台灣時，對於原住民女性在三十歲以前懷孕必須強制墮胎的做法表示憤慨；有關台灣的最早期記述揭露了這種習俗以後，多名歐洲作者曾加以評論，不過當年是否真的存在這種習俗，至今仍無法確定。日本殖民統治期間，一種為占領軍

服務的組織性賣淫活動發展了起來；皮摩丹少校對此略有著墨。

　　同樣是那些時代，我們看到女性在男性領導人身邊開始扮演政治性的角色。對女人的愛則被描述為一種足以影響政治決定、改變歷史走向的強烈情感：在關於東寧國君王鄭經的記述中，他在一六七一年因為摯愛的女人墜海消失，放棄了征討菲律賓的計畫。

　　如果雷昂・胡瑟的說法屬實，女性在十九世紀末期的台灣漢人社會中似乎已經取得較多獨立權；根據胡瑟的敘述，正如福爾摩沙社會整體而言充滿獨立而騷動的驃悍特質，「在福州人眼中，這裡的婦女所享有的自由顯得離譜至極」（胡瑟本身也不贊同台灣婦女的相對自由，因此他緊接著寫道「這種自由造成的結果並不會鼓勵人們支持婦女解放」——這個評斷依據的只是一些沒有明確闡述的言外之意，因此其實相當不公道）。台灣的女性也被描述為非常勤奮，會從事一些歐洲人很驚訝女性會做的工作，例如幫人抬轎。

　　然後，從十八世紀開始，來自法國的見證者們對原住民社會中的女性地位顯得相當讚賞。馮秉正神父寫道：「女人不會像在中國那樣被人買賣」；在他描述的文化中，家庭是圍繞著女性建構和延續的，因此人們偏愛生女孩而不是男孩。十九世紀時，杰韓副領事將原住民婦女描述為她們丈夫「名副其實的合夥人」，而對比中國及歐洲的風俗，他非常佩服原住民父母對下一代的結婚相關決定不予強迫的做法。杰韓也提到，原住民婦女如果與漢人結婚，就會成為「自然而然的中介者」，在部落與漢人村社的交易活動中扮演極其重要的角色。最後，十九世紀末期的法國記

述者們指出，某些部落的政治權力可能落在婦女身上，不過只是暫時性質，有時是因為酋長有事離開，有時則是在酋長死後、繼任者被指定前的空窗期代理其職。

這些零星描述當然不可能構成一部台灣女性史，只是提供了幾個由外國訪客所蒐集的印象而已。不過這些片段還是做了一些有用的提問，值得我們在探討整體歷史時更進一步的關注。

◀ 衝突與和解 ▶

法國見證者們講述的台灣史也是一部圍繞著粗蠻暴力的歷史，這種暴力在本書涵蓋的三個世紀期間持續伴隨台灣島的情勢發展。這些見證宛如一項提醒，大舉撼動浪漫式的歷史觀點——將歷史視為一種規律而和諧的進程，讓人類社群無以抗拒地朝民主與全民富裕繁榮的前景邁進。歷史的真實不外乎時時刻刻存在於相反利益之間的衝突；不同個人與團體亟於以蠻力捍衛各自的利益，不惜損及他人，甚至全面摧毀競爭對手。不過這種反覆重現的衝突性不足以解釋一切；除了衝突以外，休戰、停戰、和平協議、和解及各種尋求合作的努力也不斷出現，促使戰爭結束、農民返回田地、獵人回歸山林、商店重新開張。荷蘭殖民者沒有全面屠殺一六五三年反叛的漢人，以便繼續與他們做生意。在原住民與漢人為爭奪領土而爆發的兩場戰役之間，商業往來持續進行。大清政府官員調整他們的治理方法、做出各種讓步，藉此避免與造反傾向強烈的台灣漢人社群發生衝突。日本殖民者也非常

清楚，如果他們想要鞏固權力，就必須設法讓人民站在他們這邊，一方面繼續與最年長的本土世代爭戰，另一方面則致力教化新生代的台灣居民。

和平、自由、經濟繁榮和相對高度的社會和諧是今日台灣的特徵，而這一切是在痛苦、抗爭、混亂，以及艱辛的和解努力中打造出來的。這份歷史記憶對生活在所有已開發富裕社會的人們都非常有意義，因為它能讓我們時時謹記，社會上永遠存在重新淪入暴力的風險，而我們必須致力避免這種風險的出現。這個充滿戰爭、暴行和悲劇的歷史應該激勵我們更加珍惜今天我們享有的和平與民主。

◀ 台灣，一個真正的奇蹟 ▶

最近四十年來，台灣的經濟成長和政治民主化常被形容為「台灣奇蹟」，而在閱讀這本文集中的古老篇章時，這個詞語可能又有了某種更令人困惑的面向。當然，書中的法國見證者們在不同世紀都向我們訴說台灣之美，描述它的好山好水、鄉村景致，以及從水果到茶葉等包羅萬象的豐饒農產。這點是所有記述者的共識，包括那些在一八八四年前來征戰的法國軍人，他們在經歷戰爭的苦難後，仍然在隔年春天感受到基隆的魅力；而當他們在馬公購買古董時，他們也對本地文化感到興味盎然。我們當然也看到，台灣被納入國際貿易網路是由來已久的事實。

然而，在這幅美好畫面的背後，法國記述者們描述的台灣更

是一個與外來壓迫、粗蠻暴力、接二連三的屠殺以及不同族群間的戰爭不斷周旋的島嶼；他們向我們訴說造成數千人罹難的巨大天災、駭人地震與強烈颱風；他們也告訴我們這個島嶼在衛生方面有多麼不健康——導致外國訪客喪命的疾病反覆出現在這些篇章中：十七世紀的痢疾、十八世紀的致命毒水、十九世紀法國軍人罹患的霍亂，以及鼠疫、瘧疾等各種在二十世紀初期使居民及據台日本人都遭受摧殘的疫病……

這是一個看似難以締造富裕繁榮的島嶼，而且曾經苦於內部衝突與外來壓迫；然而，就在這樣一片相當惡劣的土地上，台灣奇蹟卻出現了。世界上許多民族未能從祖先那裡繼承到一塊幸福安康的寶地、一個全體成員自然維持和諧關係的社會，或一個不受外國勢力威逼的國家；對所有這些民族而言，台灣所創造出的奇蹟，正可以作為他們的某種靈感泉源。因為台灣真確無疑地突破了所有艱難險阻，成功構築出全世界最自由、最民主、最和平、經濟發展程度最高的社會之一。

◀ 歷史的意義 ▶

無論是好是壞、美麗或醜陋，我們的歷史教給我們很多關於我們自己的事，不過它主要不是帶來讓我們對自身認同感到安心的確鑿信念，而是讓我們在回首來時路時發出種種叩問，對形塑我們今日生活的前人的選擇是否合理做出質疑；歷史或許也能讓我們約略意會到那些經常出於偶然、但卻造就現今世界局面的昔

日情境。然而，面對這些懷疑與不確定，以及這種透過觀察歷史、對我們的選擇在倫理與實際面的脆弱性所獲的領悟，我們無須感到不安，我們的思想也不會因為這些疑惑而癱瘓。我們反而應該竭力培養這種質疑精神和領悟力，因為這些都是照亮未來的強大工具，在因此而擴展的多元可能性中，可以適時幫助我們選擇最妥當的方案；這些智識工具同時也是絕佳的振奮因子，激勵我們動員力量，促進我們相信是公正、良善、合宜可取的事。

過去與未來皆是由人的意志力與企圖心所構成，當然必須與各種現實的侷限妥協，不過更常見的限制是人們自己接受了宿命論。但是，沒有任何歷史波折是事先注定的，也沒有任何未來的腳本已經提前寫好。因此，講述我們的歷史也是一種自我提醒的方式，讓我們時時記得，雖然我們對未來不具無所不能的主權，但我們仍然可以共同決定我們的未來。什麼是未來？有時它是人類用夢想打造出來的美妙產物；它更常是人類在苦難與衝突中設法構建的不完美成果，而且在這個過程中，人類經常對自己設立阻礙。不過，我們的未來從來不是被過往歷史所束縛的奴隸；相反地，我們應當努力嘗試理解歷史，無論這份努力多麼不完整，它都應該成為一種解放工具。

◆

以上是這些昔日文本在我內心激盪出的幾個個人想法。在閱讀這些篇章時，我們可以做出許多其他探問，朝各種不同的方向思考。現在就讓讀者們自行提出問題，並得出自己的教誨。這些

舊事塵封已久，講述它們的異邦人又來自如此遙遠的地方，這樣的故事將能激起哪種訝異之情，帶來哪般驚奇感受，觸發什麼樣的反應？

謝辭

這本書的出版，非常感謝八旗文化總編輯富察、主編洪源鴻、編輯賴英錡，譯者徐麗松，詳細審訂文稿的翁佳音老師，提供寶貴意見的陳梅卿老師，從一開始就很積極支持計畫的好友林慧峰、鄭立中，以及提供文獻資料的法國國家圖書館（Bibliothèque Nationale de France）與法國國立自然史博物館（Muséum National d'Histoire Naturelle），也特別感謝米貞協助對文稿的校訂、建議、執筆寫序，以及一路來的支持與鼓勵。

最後，謹將此書獻給——

我的父母François與Claude Laplanche，

和我的妻子洪米貞。

主要參考書目

第一章　荷蘭東印度公司時期

◎一個法國軍人在台灣（一六五三年）

· 泰孚諾編（THEVENOT, Melchisédec〔éd.〕），《不曾出版的寰宇旅行見聞錄：第一輯》（*Relations de divers voyages curieux qui n'ont point été publiés, Première partie*），巴黎，Imprimerie de Jacques Langlois出版，1663年，28-40頁。

◎一位「紳士傭兵」

· 《東印度旅行記，由一名抵達當地已三年的法國紳士親撰》（*Relation d'un voyage aux Indes Orientales, par un gentilhomme français arrivé depuis trois ans*），巴黎，Pierre David出版，1646年，35-48頁。

第二章　東寧王國時期

◎國王的侍衛長

· 《宗座代牧主教及其神職人員的傳教與旅行記述，一六七二、一六七三、一六七四、一六七五年》（*Relation des missions et des voyages des évêques vicaires apostoliques, et de leurs ecclésiastiques es années 1672, 1673, 1674 et 1675*），巴黎，C. Angot出版，1680年，63-65頁。

◎東寧王國的覆亡

· 《風雅信使》（*Le Mercure Galant*），1686年8月號，220-223頁。

◎陸方濟主教在台灣的真實故事

· 德舒瓦西（CHOISY [de], François-Timoléon），《暹羅旅行日記，寫於一六八五及一六八六年》（*Journal du voyage de Siam fait en 1685 et 1686*），巴黎，Sébastien Marbre-Cramoisy出版，1687年，222-223頁。
· 婁奈（LAUNAY, Adrien），《外方傳教會通史》（*Histoire générale de la société des missions étrangères*），第一冊，巴黎，Téqui出版，1894年，297-298頁。

第三章　大清帝國治理時期

◎一名為大清皇帝效力的神父兼地圖繪製家（一七一四年）

· 《諭意深長且引人遐思的外方傳教會書信集——中國相關報告》（*Lettres édifiantes et curieuses écrites des missions étrangères, Mémoires de la Chine*），第十冊，里昂，Vernarel出版，1819年，247-280頁。

◎一七八二年大災難的相關消息

・《法蘭西公報》（*La Gazette de France*），1783年8月12日，288頁。
・葛羅濟耶神父（GROSIER [M. L'abbé], Jean-Baptiste），《談中國：關於這個帝國的整體描述》（*De la Chine ou Description générale de cet empire*），第三版，第一冊，巴黎，Pillet出版，1818年，333-339頁。

◎治理台灣

・德里亞爾（GIRARD de RIALLE），〈關於福爾摩沙的全新描述〉（Une description inédite de Formose），收錄於《地理雜誌》（*Revue de géographie*），第十六輯，1885年1月，290-301頁。
・克拉普羅特（柯恆儒）（KLAPROTH, Julius），《亞洲論集》（*Mémoires relatifs à l'Asie*），第一冊，巴黎，Librairie Orientale de Dondé-Duprey出版，1826年，328頁。

◎大航海家來了──拉佩魯茲（一七八七年）

・拉佩魯茲伯爵（GALAUP [de], Jean-François, comte de LA PEROUSE），《拉佩魯茲的環球之旅》（*Voyage de La Pérouse autour du monde*），第二冊，巴黎，Imprimerie de la République出版，1797年，370-378頁。

第四章　台灣的原住民

◎杰韓副領事與北部的部落（一八六六年）

・杰韓、貝爾納（GUERIN et BERNARD），〈福爾摩沙島的原住民〉（Les Aborigènes de l'île Formose），載於《地理學報》（*Bulletin de la Société de Géographie*），第五系列，第十五冊，1868年1月，542-568頁。
・杰韓（GUERIN），〈福爾摩沙島塔亞爾（原住民）方言詞彙〉（Vocabulaire du dialecte tayal ou aborigène de l'île Formose），載於《地理學

報》（*Bulletin de la Société de Géographie*），第五系列，第十六冊，1868年7月，466-507頁。

◎法國人看待原住民時顯現的種族主義與偏見

· 馬丁（MARTIN, Ernest），〈福爾摩沙的土著〉（Les indigènes de Formose），載於《民族誌評論》（*Revue d'ethnographie*），第一輯，1882年，429-434頁。
· 德里亞爾（GIRARD de RIALLE），〈福爾摩沙及其居民〉（Formose et ses habitants），載於《人類學評論》（*Revue d'anthropologie*），第三系列，第八輯，1885年，247-281頁。
· 札博洛夫斯基（ZABOROWSKI, S.），〈福爾摩沙最後的食人族〉（Les derniers anthropophages de Formose），載於《巴黎人類學公報及論文》（*Bulletins et Mémoires de la Société d'anthropologie de Paris*），第五系列，第九輯，1908年，486-487頁。

第五章　法國觀光客與士兵

◎雷昂・胡瑟的台灣之旅（一八七〇年）

· 胡瑟（ROUSSET, Léon），《縱橫中國》（*A travers la Chine*），巴黎，Hachette出版，1886年，94-105頁。

◎法國人在台灣征戰（一八八四年）

· 嘉諾（GARNOT, Eugène [capitaine]），《法國遠征福爾摩沙，一八八四——一八八五》（*L'expédition française de Formose 1884-1885*），巴黎，Delagrave出版，1894年。
· 羅瓦爾（LOIR, Maurice），《孤拔將軍的艦隊》（*L'escadre de l'amiral Courbet*），巴黎，Berger-Levrault出版，1894年。
· 羅逖（LOTI, Pierre），《費加洛報》（*Le Figaro*），1883年10月17日。
· 維奧（即羅逖）（VIAUD, Julien [Pierre LOTI]），〈關於孤拔將軍的死〉

（Sur la mort de l'Amiral Courbet），載於《兩個世界評論》（*Revue des Deux Mondes*），第三期，第70輯，巴黎，1885年7月，919-930頁。

· 白尚德、鄭順德（ZHENG, Chantal, et ZHENG Shunde），〈水兵及作家皮耶‧羅逖眼中的中法戰爭與台灣〉（La guerre franco-chinoise et Taiwan, vus par Pierre Loti, marin et écrivain），載於《海外─歷史評論》（*Outre-Mers, Revue d'histoire*），1985年期，239-254頁。

第六章　日本帝國統治時期

◎與川上將軍出巡台灣（一八九六年）

· 皮摩丹（PIMODAN [le commandant de]），《遠東紀行，一八九五─一八九八》（*Promenades en Extrême-Orient, 1895-1898*），巴黎，Honoré Champion出版，1900，249-279頁。

· 皮摩丹（PIMODAN [le commandant de]），《福爾摩沙與漁翁群島的回憶》（*Souvenirs de Formose et des îles Pescadores*），小川一真寫真製版所，東京，1896。

◎日本殖民主義的仰慕者

· 列維（LEVI, Sylvain），〈日本統治下的福爾摩沙〉（Formose sous le régime japonais），載於《法屬大洋洲》（*L'Océanie française*），法屬大洋洲委員會（Comité de l'Océanie française）月刊，1929年1月號，10-13頁。

穿越福爾摩沙1630-1930

法國人眼中的台灣印象

Regards français sur Taiwan（1630-1930）

作　　　者	龐維德（Frédéric Laplanche）
譯　　　者	徐麗松
審　　　訂	翁佳音
圖 片 版 權	內頁圖片除部分標記版權者，餘皆為法國國家圖書館授權提供

主　　　編	洪源鴻
責 任 編 輯	洪源鴻
編 輯 協 力	賴英錡
行 銷 總 監	蔡慧華
封 面 設 計	張巖
內 頁 排 版	宸遠彩藝

出　　　版	八旗文化／遠足文化事業股份有限公司
發　　　行	遠足文化事業股份有限公司（讀書共和國出版集團）
	231 新北巿新店區民權路108之2號9樓
電　　　話	02-2218-1417
傳　　　真	02-2218-8057
客 服 專 線	0800-221-029
信　　　箱	gusa0601@gmail.com
Ｆａｃｅｂｏｏｋ	facebook.com/gusapublishing
部 落 格	gusapublishing.blogspot.com
法 律 顧 問	華洋法律事務所／蘇文生律師
印　　　刷	通南彩色印刷有限公司

出　　　版	2021年10月（初版1刷）
	2024年03月（初版3刷）
定　　　價	400元

Ｉ　Ｓ　Ｂ　Ｎ	9789860763195（平裝）
	9789860763171（ePub）
	9789860763218（PDF）

國家圖書館出版品預行編目(CIP)資料

穿越福爾摩沙1630-1930：法國人眼中的台灣印象／
龐維德（Frédéric Laplanche）著／徐麗松譯／新北市／
八旗文化出版／遠足文化發行／2020.10
譯自 : Regards français sur Taiwan（1630-1930）
ISBN 978-986-0763-19-5(平裝)

1.台灣史

733.21   110010308